Erinnerungen des Sergeanten

Carl Hüne

Ein Braunschweiger im Dienste Napoleons
Augenzeugenberichte aus den Jahren
1810-1814

Herausgegeben von
Peter Hüne

Covergestaltung Liane Hüne

unter Verwendung eines Gemäldes von

Professor Woldemar Friedrich

Satz und Layout: Peter Hüne

edition hüne, Ansgarstrasse 14, 13 465 Berlin

Kontakt: edition.huene@t-online.de

ISBN 978-3-941754-07-2

Meinem Vater Karl Hüne
gewidmet

Zu diesem Buch

Vor zweihundert Jahren bat Carl Hüne um seinen Abschied aus dem Militärdienst, den er seit 1810, sehr zu seinem Leidwesen, absolvieren musste. Sein Geburtsort Klein-Lafferde lag im Braunschweigischen. Nach der Niederlage der Preußen bei Jena und Auerstedt im Jahre 1806 wurde das Herzogthum Braunschweig – Lüneburg von französischen Truppen besetzt und mit dem Tilsiter Frieden 1807 entstand das Königreich Westfalen. Napoleon Bonaparte machte sogleich seinen jüngsten Bruder Jérome Bonaparte zum König von Westfalen.

Als Carl Hünes Geburtsjahrgang (1789) militärpflichtig wurde, hoffte er zu den Garde - Chasseurs eingezogen zu werden. Dieses Korps würde, wenn überhaupt, nur als letztes in den Krieg ziehen, dachte er. So zog er im Sommer 1810 mit den Braunschweigern nach Kassel, denn von dort regierte Jérome sein Königreich.

Es begann eine ungewöhnliche und lebensbedrohliche Militärzeit, die Carl Hüne im Rang eines Sergeant-Majors der napoleonischen Armee bis fast vor die Tore Moskaus führte. Er nahm an der Schlacht von Borodino teil, überquerte auf dem Rückzug mit den Resten der

Grande Armee die winterliche Beresina. Im Frühjahr 1813 wechselte er die Seiten und trat als Feldwebel in das 5. Bataillon der neu gegründeten russisch-deutschen Legion unter General von Wallmoden bei. Sein weiterer Weg führte ihn bis in die nordfranzösische Stadt Lille, wo er im Sommer 1814 seinen Abschied aus dem Militärdienst nahm und nach Klein-Lafferde zurückkehrte.

Von den einst 27 000 Westfalen, die mit Napoleon nach Russland zogen, kehrten nur 500 ausgemergelte Soldaten nach Deutschland zurück. Einer von ihnen war Carl Hüne.

Der Erstauflage von 1909, herausgegeben von seinem Sohn Friedrich Hüne, habe ich Bilder jener Zeit und ein Orts- und Namensregister angefügt.

Mit diesem Buch liegen Geschichtsinteressierten nun wieder die Augenzeugenberichte meines Ur-Ur-Ur-Großvaters, dem Sergeant-Major der Grande Armee Carl Hüne aus Klein-Lafferde, vor.

Peter Hüne
Berlin, im November 2013

Zur Garnison

Es war in den ersten Tagen des Monats Juni 1810, als die Militärpflichtigen aus dem Geburtsjahre 1789, wozu auch ich gehörte, nach Braunschweig zur Losung beschieden wurden. Der Termin fand statt in der damaligen Präfektur, dem jetzigen Kammergebäude an der Martinikirche. Gegenwärtig waren die Militärkommission, der Präfekturat Gravenhorst und die beteiligten Maires aus den verschiedenen Kantons des damaligen Königreichs Westfalen. Es wurde sehr strenge verfahren, um das Kontingent vollzählig zu erhalten, denn der spanische Krieg erheischte neue Opfer. Da ich bei meiner gesunden körperlichen Beschaffenheit nicht hoffen durfte frei zu bleiben, so erklärte ich vor der Kommission, auf das Losen verzichten zu wollen, wenn es mir gestattet würde, in ein beliebiges Regiment einzutreten. Dieses wurde mir dann auch nach einigen geäußerten Bedenken gewährt. Ich wählte sogleich die Garde-Chasseurs, worin ich wünschte enrolliert zu werden; ich glaubte nämlich, dieses Korps würde jedenfalls das letzte sein, welches ins Feld marschierte. Kaum hatte ich meine Erklärung abgegeben, so fanden sich noch zwei kleine Gesinnungsgenossen; dies waren ein Predigersohn aus Barum, namens Schmidt, und ein Ökonom aus der Elbgegend, namens Hollmann; auch sie wurden auf gleiche Weise in der Liste vermerkt.

Nach beendigtem Termin wurden nun die für dienstfähig erklärten Leute heruntergeführt, in Reihe und Glied gestellt und durch das jetzige Landschaftliche Haus in einen Hof gebracht, wo uns ein alter Sergeant den sogenannten Fahneneid abnahm. Die Förmlichkeit bestand darin, dass jeder Schwörende drei Finger der rechten Hand auf den blanken Säbel des Sergeanten legte und die Worte nachsprach: „Ich gelobe und schwöre Treue und Gehorsam dem Könige und dem Vaterlande." Nachdem dies beendet war, bekam ein jeder sein Quartierbillett; das meinige lautete auf den Uhrmacher Wröger in der Neuenstraße, wo ich mein erstes und zugleich ein sehr gutes Quartier bekam.

Am andern Morgen nach beendigtem Appell wurde zum Wilhelmitore hinausmarschiert. Wir mochten wohl 60 bis 70 Mann stark sein; der größte Teil davon aus der Stadt Braunschweig. Anfangs herrschte in der Kolonne eine sehr gedrückte Stimmung, was leicht erklärlich, denn es mochte wohl manche Mutterträne beim Abschied geflossen und manche ernstliche väterliche Mahnung beim Scheiden gegeben sein. Doch schon nach Verlauf von einigen Stunden klärte sich die Stimmung auf; die trüben Gedanken wurden durch fröhlichen Gesang für immer verscheucht. Ging man auch in der neuen Karriere einer dunkeln, gefahrvollen Zukunft entgegen, so war dies einmal nicht zu vermeiden und es diente zur Beruhigung, dass die frühere Behandlung des Soldaten jetzt einer sehr humanen hatte weichen müssen. Denn seitdem bei Jena Gericht gehalten war über das veraltete, dem Zeitgeist nicht mehr entsprechende System, waren Locken, Zopf und Korporalstock beim Militär verschwunden. Kleine Vergehen wurden mit geringem Arrest, größere mit strengem, Verbrechen mit Ausstoßung bestraft.

Wir kamen an diesem ersten Marschtage in die Gegend von Salzgitter, wo wir Nachtquartier nahmen. Die Quartiere waren mit wenigen Ausnahmen überall gut. An den folgenden Tagen berührten wir die Städte Northeim, Göttingen, Dransfeld und Münden. Als wir letztere Stadt passiert und den Mündener Berg erstiegen hatten, konnte man Kassel und Umgegend übersehen, westlich begrenzt durch einen Gebirgszug, auf dessen höchstem Punkte der Herkules, im Volksmunde der große Christoffel genannt, thront. Dort oben stand er, auf seine Keule gelehnt, gleich einem Urgermanen und überschaute die herrlichen Wiesen und üppigen Kornfelder; die weiten deutschen Gaue ringsum, die jetzt von einem Bruder des großen Korsen (Jérome) nach französischer Art beherrscht wurden.

König Jérome von Westfalen

In Kassel angekommen, wurden wir auf den damaligen Ständeplatz geführt, wo bereits schon viele Offiziere und Unteroffiziere der verschiedenen Korps versammelt waren, uns zu empfangen. Meine beiden Kameraden und ich wurden nach der Gardechasseurkaserne geführt und auch sogleich einer Menage und Korporalschaft zugeteilt.

Abbildung: Denkmalarchiv Kassel

Das Holländische Tor in Kassel, Innenansicht.

Schon am ersten Abend bekam ich einen kleinen Vorgeschmack von militärischer Disziplin. Als nämlich der Sergeant-Major im Saale Appell hielt, d.h. alle darin Befindlichen namentlich aufrief, blieb einer gemütlich auf seinem Bette sitzen, während alle andern aufstanden. Ersterer büßte diese Nachlässigkeit mit zwölf Stunden Zimmerarrest.

Obgleich man uns in Braunschweig die Versicherung gegeben, bei der Garde eintreten zu können, so gestaltete sich hier doch die Sache ganz anders. Die Gardechasseurs war nämlich schon vor unserer Ankunft vollzählig gewesen, und daher unsere Aufnahme nicht möglich, infolgedessen wir nach Verlauf von wenigen Tagen auf Befehl des Kriegsministers dem 2. Regiment überwiesen wurden. Diese Versetzung war uns allen sehr unangenehm, doch zeigte sich bald, dass wir keine Ursache hatten uns zu beklagen, denn wir wollten avancieren, und jetzt kamen wir gerade auf das Feld, wo dieses möglich, wohingegen bei der Garde durchaus keine Aussicht dazu vorhanden war. Ein Sergeant, den ich in dieser Zeit kennen lernte, ging noch als solcher mit nach Russland.

Wir wurden nun durch einen Sergeanten nach der Kaserne des 2. Linien-Infanterieregiments geführt und einem Sergeant-Major übergeben. Dieser äußerte scherzweise bei unserm Eintritt: „Schon gut, wir gebrauchen noch zwei Sergeanten und einen Furier."

Infolge meiner Kenntnis der französischen Sprache und einer leidlich guten Handschrift fand ich hier sogleich schriftliche Beschäftigung; meine beiden Kameraden wurden anderen Kompagnien zugeteilt, wo sie auf ähnliche Weise beschäftigt wurden. Jetzt erst ging es auf die Montierungskammer, wo ich meinen militärischen Anzug erhielt. Die Verpflegung war einfach, aber hinreichend: der Mann empfing täglich 2 Pfund Brot, ½ Pfund Fleisch und 15 Centimen an barem Gelde, das übrige wurde für Gemüse verwandt. Täglich wurden sechs Stunden exerziert; des morgens 9 Uhr gab's Bouillon, nachmittags 2 Uhr Gemüse und Fleisch.

Unter die Übungen, welche vorgenommen wurden, gehörten auch Laufen und Springen über Gräben, die in geringer Entfernung hintereinander aufgeworfen waren. Der letzte hatte wohl eine Breite von 6 bis 7 Fuß. Ich versuchte es und kam mehrere Male, d. h. mit

Sack und Pack, glücklich hinüber, welches zur Folge hatte, dass ich sogleich als Voltigeur aufgezeichnet wurde. Diese hatten das Recht, die gewandtesten Leute aus den anderen Kompagnien zu sich herüberzuziehen. Mein alter Sergeant-Major war aber über diesen Vorfall sehr ungehalten, denn von jetzt an stand ich nicht mehr zu seiner Disposition. Das Exerzitium, welches sehr einfach, hatte ich bald weg, und fand außer der Zeit täglich meine Beschäftigung auf dem Regimentsbureau, wodurch aber leider der eigentliche innere Dienst zurückgestellt wurde. Dies sollte denn auch bald seine übeln Folgen zeigen.

Nach Verlauf von zwei Monaten, seit ich als Rekrut eingetreten war, avancierte ich zum Korporal, obgleich ich als Soldat noch keinen Wachdienst getan hatte. Nun hatten wir eines Sonntags große Parade, wo auch Se. Majestät Jérome, König von Westfalen, zugegen war. Nach Beendigung derselben wurde ich mit 12 Mann zum Wachdienst kommandiert. Ich stellte dem Sergeant-Major vor, dass ich noch gar keine Wache getan, dieser Dienstzweig mir ganz unbekannt sei, und bat, mich diesmal zu übergehen, allein er antwortete kurzweg: „ Das kann ich nicht, an Ihnen steht die Reihe." Nun standen meine zwölf Mann schon aufmarschiert und warteten ihres Führers. Ich ging zum Adjudant-Major und wiederholte bei ihm meine Bitte; dieser aber antwortete gar nicht, schrieb aber in sein Dienstbuch: „Korporal Hüne 12 Mann holländisches Tor." Jetzt dachte ich, nun mag's kommen, wie es will, trat rasch vor meine Kolonne, kommandierte aus voller Brust „Vorwärts Marsch!"

Nun wusste ich sehr gut, wo Holland lag, dies konnte ich auf der Karte allenfalls im Dunkeln finden, aber vom holländischem Tore in Kassel hatte ich nie etwas gehört; ich dachte aber, in der Gegend wo Holland liegt muß auch wohl das holländische Tor zu finden sein, und steuerte nach der Gegend hin. Als ich nun im vollen Ärger einige Straßen passiert hatte, rief ich in die Kolonne hinein: „Wer kennt das holländische Tor?" „Ich, ich" riefen mehrere. Sogleich nahm ich einen davon beim Ärmel und stellte ihn an die Spitze.

Bei meiner Ankunft stand die alte Wache schon aufmarschiert. Ein alter Unteroffizier kam mir entgegen, um mir zu überliefern, was ich als Wachtkommandant zu beobachten hatte. Ich hörte ihn schweigend an, gab mir dabei das Ansehen, als hätte ich dieses alles längst gewusst, obgleich ich nie davon gehört hatte; denn ich durfte doch in Gegenwart meiner Untergebenen durchaus keine Blöße zeigen, und so nahm bis jetzt alles einen ziemlich guten Verlauf. Die alte Wache zog ab und ich nahm Besitz, war aber voll Unruh und Besorgnis, dass etwas vorfallen könnte, was mich bei meiner gänzlichen Unkenntnis in Verlegenheit bringen könnte. Ich war die ganze Nacht auf den Beinen. Gegen Mitternacht kam die Ronde, ein Sergeant mit einigen Mann. Sie verlangte und empfing von mir die Parole, indem ich ihr allein entgegenging, was eigentlich ganz gegen den Dienstgebrauch war. Ich hätte müssen die Wache unters Gewehr treten lassen, was ich aber nicht wusste; doch war es ein mir günstiger Zufall, dass dieser Sergeant eine mir befreundete Persönlichkeit war, so dass dieser Dienstfehler keine nachteiligen Folgen hatte. Beim Weggehen aber sagte er: „ Na, Hüne, ich sehe, Sie wollen's Ihrer Mannschaft bequem machen; rate Ihnen aber, dass, wenn die zweite Ronde kommt, Sie die Wache heraustreten lassen." Ich dankte ihm freundlich, und so war die Sache abgemacht. Die zweite Ronde blieb aus und auf Mittag wurde ich abgelöst. Dies war meine erste und auch die letzte Wache im militärischen Dienste. Ich fand nach wie vor meine Beschäftigung auf dem Regimentsbureau, von wo aus auch verfügt wurde mich nicht wieder zum äußersten Dienst heranzuziehen.

Am 1. Oktober wurde das Bataillon nach Nordhausen verlegt; für uns eine große Freude, denn mit Vergnügen gedenke ich noch der dortigen guten Quartiere, ganz im Gegensatz zu denen in Kassel.

In Nordhausen nahm ich einen Monat langen Urlaub und ging über Ellrich, Hohegeis, Harzburg nach Haus (Kl.-Lafferde). Nachdem mein Urlaub abgelaufen und ich wieder nach Nordhausen zurückgekehrt war, avancierte ich nach einigen Monaten zum Sergeanten, hatte aber zugleich auch alle Funktionen eines Sergeant-Majors bei der Kompagnie zu besorgen. Am 31. März 1811 kehrte das Bataillon nach Kassel zurück. Jetzt erhielten wir täglich Rekruten, so dass bald zwei Bataillone formiert wurden; bald nachher kam auch noch ein Bataillon aus Halberstadt dazu, wodurch das Regiment vollzählig wurde. Meine schriftlichen Arbeiten häuften sich in dieser Zeit so sehr, dass ich oft nicht wusste damit durchzukommen, und musste manche Nacht mit zu Hilfe nehmen, um den

Anforderungen zu genügen, denn das Größte wie das Geringste, alles was auf die Kompagnie Bezug hatte, ging durch meine Hände; auch war es ein übler Umstand, dass ich nicht einen Unteroffizier bei der Kompagnie hatte, der mir eine Ordre hätte abschreiben können; mehrere konnten kaum ihren Namen schreiben

Am 1. Juli kam ganz unerwartet der Befehl, das Regiment vollständig komplett zu machen, nämlich alle noch vakanten Chargen zu besetzen, indem dasselbe nach Danzig marschieren sollte. An diesem Tage wurde ich Sergeant-Major, hatte also binnen einem Jahre eine sehr schnelle Karriere gemacht. Der Befehl zum Abmarsch wurde jedoch nicht ausgeführt; wir blieben in Kassel in Garnison.

Im nächsten Monat fand in der Umgegend von Kassel ein großes Manöver statt, woran mehrere Regimenter aller Waffengattungen teilnahmen. König Hyronimus selbst führte den Oberbefehl. Über die Fulda wurde eine Brücke geschlagen. Ein Regiment jenseits der Brücke, das uns feindlich gegenüberstand, suchte nun die Brücke zu gewinnen, wir dagegen mussten dies zu verhindern suchen. Es traf sich zufällig, dass meine Kompagnie der

Brücke am nächsten war. Sofort wurde im Sturmschritt vorgegangen mit gefälltem Bajonett, aber auf der Mitte der Brücke trafen wir mit der feindlichen Abteilung zusammen, und obgleich gegenseitig die Spitzen der Bajonette die Brust berührten, wollte doch keine Partei willig den Rückzug antreten. So standen wir uns einige Minuten gegenüber. Der König, welcher bei unserm Aufmarsch zu Pferde an der Brücke hielt, mochte wohl üble Folgen befürchten, war schnell vom Pferde gesprungen und kam, den Degen in der Hand, eilig auf die Brücke, drängte sich schnell zwischen uns und die feindliche Partei, rief mit lauter Stimme, denn fünfzehn Kanonen unterhielten neben der Brücke ein lebhaftes Feuer, dass man fast nichts verstehen konnte: „Laissez mes enfants! laissez! retirez vous!" Jetzt erst trat jede Kolonne den Rückzug an. Es wurden noch verschiedene Evolutionen ausgeführt, und dann gingen wir wieder nach unserer Garnison zurück.

Von jetzt ab fiel nichts von besonderem Interesse vor. Es wurde täglich exerziert, denn die Meinung war allgemein, dass wir nicht lange Zeit mehr hier weilen würden. Ich für meine Person hatte selten eine müßige Stunde; habe auch nie öffentliche Vergnügungsörter besuchen können, hatte auch kein Verlangen danach, im Gegenteil befand ich mich stets am besten in meinen Berufsgeschäften.

Von einem Kriege gegen Russland war schon seit längerer Zeit die Rede gewesen, und dies wurde mit Anfang des Jahres 1812 zur Gewissheit. Unser Regiment wurde mit allen im Felde nötigen Ausrüstungsstücken, jedoch mit Ausnahme von Zelten, reichlich, ja bis zum Übermaß versehen.

Ein Soldat der Grande Armee

Napoleon Bonaparte
(1769-1821)

Ausmarsch nach Russland.

Am 31. März 1812 marschierten wir aus. Aber so wie früher manches überstürzt wurde und ohne hinreichende Überlegung geschah, so auch hier. Eine Stunde vor Abmarsch wurden dem Regimente Feldgerätschaften, als Kochkessel, Schüsseln, Äxte, Beile und Schaufeln, geliefert und an die Kompagnien verteilt, diese mochten nun sehen, wie sie damit fertig wurden. Der Soldat, der ohnehin an Waffen und Gepäck etwa 50 Pfund, schon eine völlige Last, zu tragen hatte, musste nun noch mit diesen unbequemen Gegenständen behängt werden.

Schon nach dem ersten Marsche gab es so viele Marode und Kranke, dass mehrere Wagen requiriert werden mussten, um die Sachen fortzuschaffen.

Unser Marsch ging über Wolfenbüttel, Quedlinburg nach Cöthen, wo wir acht Tage Ruhe hatten. Von da an nach Calbe an der Saale. Bei Aken passierten wir an einem stürmischen Tage die Elbe, kamen ins Dessauische und marschierten durch die Lausitz. In Jüterbog sah ich am Tore eine alte, schon verwitterte steinerne Keule an einer eisernen Kette befestigt, mit der Inschrift:

„Wer seinen Kindern gibt sein Brot,
Und leidet selber Not,
Den soll man schlagen mit dieser Keule tot."

Wir marschierten nach Niederschlesien und rückten in Glogau ein. Hier übernahm der Herzog von Abrantes, Marschall Junot, als zweiter Befehlshaber der westfälischen Armee das Kommando, den Oberbefehl führte der König Jérome selbst. Hier wurde die Oder überschritten und bald kamen wir in das Großherzogtum Warschau. Nun war es bald mit der deutschen Muttersprache zu Ende; man hörte von jetzt an nur fremde Laute, die polnische Sprache. Wir berührten die Stadt Kalisch auf der Route nach Warschau, hielten bei dieser Stadt eine achttägige Ruhe und kamen dann jenseits der Stadt noch auf einige Tage ins Lager bei dem Städtchen Ouenif. Elende Strohhütten gaben uns schlechten Schutz gegen Sturm und Regen. Bald erreichten wir Grodno und waren so der russischen Grenze schon ziemlich nahe, wovon uns der Niemen noch trennte. Wir gingen jetzt mehr nördlich nach der Festung Modlin am Bug.

In dieser Gegend verließ der König die Armee und kehrte nach Kassel zurück, wie es hieß infolge eines Zerwürfnisses mit dem Herzog von Abrantes, seinem Unterbefehlshaber. Die Jäger-Garde begleitete den König einige Tage auf seiner Rückreise, musste uns aber nachher durch forcierte Märsche wieder einholen.

Da die förmliche Kriegserklärung gegen Russland bereits erfolgt war, so wurde nun auch in dieser Gegend die russische Grenze überschritten. Wir gingen durch Russisch - Litauen, Minsk links liegen lassend, auf Orscha am Dnjepr zu und bezogen hier ein Erholungslager auf 14 Tage.

Übergang über den Dnjepr

Bei unserer Ankunft wurde sofort zum Hüttenbau geschritten, wozu der nahe Wald das Material liefern musste. Lagerstroh war nirgends zu finden, man behalf sich mit

Reisig und dünnem Buschwerk. Diese Hütten gewährten zwar keinen Schutz gegen Sturm und Regen, doch aber gegen die drückende Sonnenhitze. Wasser zum Kochen wurde aus dem Dnjepr geholt.

Da meine schriftlichen Arbeiten infolge des fortwährenden Marsches sehr im Rückstande geblieben, auch nicht wohl im Freien gut beschafft werden konnten, so gab ich mir Mühe, ein dazu passendes Lokal zu finden. Ich ging in mehrere Bauernwohnungen, fand aber überall Schmutz und Unreinigkeit. Endlich geriet ich in eine Schenke, von einer jüdischen Familie bewohnt, und hier fand ich's ganz nach Wunsch. Alles rein und nett. Die Familie bestand aus 4 Personen, Vater, Mutter, Sohn und Tochter. Der Alte, ein Siebziger, war eine stattliche und würdige Persönlichkeit, nahm sich ganz wohl aus, wenn er dasaß in seinem langen schwarzen Oberkleid, das bis an die Knöchel reichte. Der starke, schneeweiße Bart bedeckte fast die ganze Brust. Einige meiner Kameraden, welche ebenfalls mit ihren Arbeiten im Rückstande waren, gesellten sich mir zu, und so habe ich bei diesen guten Leuten manche angenehme Stunde verlebt, denn der Alte konnte sich im Deutschen ziemlich verständlich machen. Was wir genossen, wurde von uns bar bezahlt. Jeden Abend kehrten wir ins Lager zurück.

Nachdem wir unsere schriftlichen Arbeiten beendet, hatten wir Zeit und Muße zum Rückblick auf die jüngste Vergangenheit. Man hatte manches erlebt und erfahren, woran man vorher nicht gedacht.

Die westfälische Armee, wie sie im Jahre 1812 am Kriege gegen Russland teilnahm, bestand aus dreizigtausend Mann aller Waffengattungen. Sie bildete in der großen Armee das neunte Armeekorps, und war ein Bestandteil derjenigen Armee, welche gegen Moskau vordrang, während der größte Teil der großen Armee an der russischen Grenze stehen blieb oder gegen Riga operierte. Wir standen, wie schon oben bemerkt, unter dem Befehl des Marschalls Junot, Herzog von Abrantes, den Oberbefehl über das Ganze führte der Kaiser Napoleon selbst.

Marschall Junot, Herzog von Abrantes
(1771-1813)

Unsere Verpflegung war, vom Abmarsch aus Kassel bis zur polnischen Grenze, fast ohne Ausnahme gut gewesen; von da ab bis Warschau auch noch leidlich, weil wir jeden Abend in Quartier kamen; aber seit wir Warschau passiert hatten, wurde jede Nacht biwakiert und hatten dabei starke Märsche zu machen.

Bei Grodno gingen zwei russische Deserteure zu uns über. Es waren Ulanen, geborene Polen. Sie hatten schöne Pferde. Diese, sowie ihre Waffen wurden ihnen abgenommen und ihnen die Freiheit gegeben zu gehen, wohin sie wollten.

In der Gegend von Grodno und Bialystock gibt es große Wälder, in denen noch wilde Ochsen und Büffel hausen. Einer unserer Voltigeurs hatte eines Tages einen solchen erlegt, allein das Fleisch war sehr grobfaserig und nicht schmackhaft.

Bei Minsk überschritten wir fast unbewusst die Beresina. Wir ahnten damals nicht, dass dieser Fluß bei unserem Rückzuge uns so ungeheure Verluste bereiten würde. Hier wurden wir von einem Unwetter mit Sturm und Regen heimgesucht, welches fast acht

Tage anhielt. Während dieser Zeit wurde das Zeug auf dem Leibe nicht trocken, weil wir die Nächte stets unter freien Himmel zubrachten. Unsere Verpflegung im Lager war elend und mangelhaft. Das Schlachtvieh, welches der Armee nachgeführt wurde, war abgetrieben und mager, daher das „Fleisch", welches uns geliefert wurde, nur aus Haut und Knochen bestand. Das spärlich gelieferte Brot war von ebenso schlechter Beschaffenheit; Hülsenfrüchte wurden gar nicht mehr geliefert. Der Soldat hatte also nichts als die kahle Bouillon und Brot, welches acht Tage lang über die bestimmte Zeit ausblieb.

Da unser, nämlich das 2. Infanterieregiment, beständig an der Spitze der Kolonne marschierte, so war es auch das erste, welches bei Orscha den Dnjepr passierte. Der Feind, welcher beständig reterierte, hatte die Brücke, welche hier über den Fluß führt, unversehrt gelassen.

In Feindes Land

Wir gingen jetzt auf die Festung Smolensk los und berührten auf dieser Tour die Städte Dubrowna, Lida und Krasnyi. Hier kamen wir aber in eine öde Gegend, wenig bevölkert. Die Dörfer, welche recht unbedeutend, lagen oft mehrere deutsche Meilen voneinander entfernt. Es wurden sehr starke Märsche gemacht, so dass die Viehherden, welche der Armee nachgetrieben wurden, zurückgeblieben und der Soldat wieder hungern musste. Es gab viele, welche diesen Strapazen nicht gewachsen waren; diese blieben als marode und gänzlich erschöpft auf dem Wege liegen. Zum Teil erholten Sie sich wieder, doch verloren wir auf diese Weise viele Leute, denn es war um diese Zeit eine drückende Hitze. Es stürzten viele in der Kolonne für tot nieder und waren ganz blau im Gesicht. Diese wurden dann schnell aus dem Wege geschafft, damit der Marsch dadurch nicht aufgehalten wurde. Es wurde häufig im Walde marschiert und eben da war die Hitze ganz unerträglich und dabei nirgends ein Tropfen Wasser zu haben, denn es war eine sandige, unfruchtbare Gegend.

Um den drückenden Mangel an Lebensmitteln abzuhelfen, wurde oft von Seiten der

Kompagniechefs zu Gewaltmaßregeln Zuflucht genommen. Es wurden nämlich kleine Detachements von 12 bis 15 Mann abseits der Straße gesandt. Diese nahmen den Einwohnern alle Lebensmittel weg. Wenn die Leute dann mit allerlei beladen zur Kompagnie zurückkehrten, wurden sie mit großem Jubel empfangen. Diese Requisitionen waren allerdings streng verboten, jedoch wurde dabei von seiten der Oberen stets ein Auge, meistens aber beide zugedrückt. Da hieß es: Not kennt kein Gebot.

Die ganze feindliche Armee hatte sich auf Smolensk zurückgezogen; man glaubte auch, dass es hier zur entscheidenden Schlacht kommen würde, weshalb wir auch sehr forcierte Märsche machten; allein der Zufall wollte es, dass unser Armeekorps, irregeführt in den Wäldern, um einen Tag zu spät dort eintraf. Dieser Umstand zog unserm Befehlshaber, dem Herzog von Abrantes, das Missfallen des Kaisers zu, infolgedessen der Herzog in der Schlacht bei Borodino ohne Kommando war.

General Jan Henryk Dombrowski
(1755-1818)

Eine Division unseres Armeekorps war zum Sturm auf Smolensk designiert gewesen. Diese oben gedachte Verzögerung war Schuld, dass wir dieser Ehre verlustig gingen. Wir wurden rechts der Festung aufgestellt, nahe genug, um das furchtbare Geschrei der Stürmenden und Verwundeten deutlich hören zu können. Die polnische Division Dombrowski hatte unsere Rolle beim Sturm übernommen, und zwar mit bedeutendem Verlust an Menschen. Unser Regiment kam diesmal gar nicht zum Gefecht. In der folgenden Nacht hatte der Feind die Festung verlassen und zog sich auf der Straße nach Moskau zurück. Wir folgten in forcierten Märschen nach, ohne von ihm etwas zu sehen, geschweige ihn zu erreichen, doch ahnten wir eine baldige Schlacht, weil unsere Armee mehr konzentriert und in gedrängten Kolonnen marschierte.

Am 5. September zogen wir mit klingendem Spiel durch das Städtchen Wjasma, aber der Ort war menschenleer. Hier begegneten uns die ersten Blessierten, polnische und französische Kavalleristen. Sie waren bei den verschiedenen Rekognoszierungen, welche wohl jeder Schlacht von Bedeutung vorhergehen, verwundet worden. Von ihnen erhielten wir die erste Kunde von der Nähe der bevorstehenden Schlacht.

Am 6. September passierten wir das Städtchen Ghiat; auch hier, wie in Wjasma, waren die Einwohner der feindlichen Armee gefolgt; die Häuser standen offen und verlassen. Hier und da sah man auf der Straße ein zerbrochenes Fuhrwerk oder ein totes Pferd, auch wohl ein verlorenes Hausgerät, was in der Eile zurückgelassen war; doch alles dies war nicht geeignet, auf uns einen guten Eindruck zu machen. An diesem Tage hatten wir einen sehr starken Marsch zu machen. Es war bereits dunkel geworden und noch hatten wir unser Biwak nicht erreicht, als ich die Bemerkung machte, dass viele Leute von der Kompagnie fehlten. Sie waren marode und erschöpft zurückgeblieben; darunter auch solche, die ich zum Dienst kommandiert hatte. Es fehlten sogar einige Unteroffiziere, was noch nie der Fall gewesen war. Dieserhalb war es dringend nötig, mein Dienstregister nachzusehen. Bald erblickte ich in einiger Entfernung vom Wege mehrere Feuer; ich eilte rasch darauf zu, denn ich glaubte ein Biwak zu finden, aber stattdessen fand ich hier das Kaiserliche Hauptquartier. Die Feuer waren mit Kochtöpfen behängt, welche auf eisernen Gestellen ruhten. In geringer Entfernung davon waren drei ziemlich große Zelte von rot- blau- weiß gestreifter Leinwand aufgestellt. Ich befand mich also vor der Küche des Kaiserlichen Hauptquartiers. Ich benutzte sogleich das nächste Feuer, und um demselben näher zu sein, ließ ich mich auf beide Knie nieder, legte Gewehr und Tschako neben mir hin, denn im letzteren befand sich stets das Dienstbuch. Während ich dasselbe mehrere Male übersah, näherten sich mir zwei sehr nett gekleidete Frauenzimmer mit schneeweißen Schürzen. Still und schweigend beobachteten sie mich. Ich musste auch wohl diesen Damen gegenüber eine sehr eigentümliche Erscheinung sein; wie ich da kniend im bloßem Kopfe saß, mussten sie mich jedenfalls für einen frommen Beter halten, was ich auch nachher aus ihrer Unterredung entnahm. Ich fand keine Veranlassung, diesen Irrtum aufzuklären, denn ich hatte Eile und stand auf, um fort zu gehen, als die ältere Dame zu mir herantrat mit den Worten in französischer Sprache: „Hier, Sergeant-Major, ein Pfannkuchen!" Natürlich nahm ich ohne Widerstreben an und sagte ihr meinen freundlichen Dank für das herrliche Gebäck, welches dann auch mit bestem Appetit verzehrt wurde. Dann eilte ich meiner Kompagnie nach, die ich auch noch erreichte, ehe wir im Biwak ankamen.

Ich würde diesen an sich unbedeutenden Vorfall gar nicht erwähnen, aber die Erinnerung daran ist mir immer noch eine angenehme, was aus meinen damaligen Verhältnissen sich leicht erklären lässt. Es war ein Sonnenstrahl in eine lange, lange Sturmperiode.

Nachdem nun das Regiment halt gemacht und die Mannschaft zum Wacht- und Vorpostendienst abgegeben war, wurden die Gewehre in Pyramiden zusammengestellt und ein jeder, Offizier wie Soldat, sucht sich wo möglich ein trockenes Plätzchen, um seine Kopfkissen, nämlich den Tornister, hinzulegen, denn Zelte sind nicht vorhanden, außer für das Hauptquartier, und so muß dann der liebe Mantel alles derart fehlende ersetzten. Wir befanden uns jetzt auf einer öden Heide. Kein Baum, kein Busch war zu sehen, wovon man eine Unterlage sich hätte bereiten können. So musste die nackte, kalte Erde zum Lager dienen. Feuer wurden nicht angezündet, weil es an Holz fehlte, und auch an Fleisch zum Kochen. Nirgends war ein Feuer zu sehen; überall rabenschwarze Nacht. Die Luft hing voll Regenwolken; kein Stern am Himmel war zu erblicken. So sucht nun ein jeder sein Lager, denn das Bedürfnis nach Ruhe ist fast größer als nach Nahrung.

Wir hatten nun, seit wir die russische Grenze überschritten, fast hundert deutsche Meilen zurückgelegt, hatten vieles ertragen, vieles entbehren gelernt; so noch an diesem Abend hatte ich heftigen Durst, ich ließ deshalb meinen Burschen umherstreifen, um

Wasser zu suchen, allein er kam nach langem Suchen mit leerer Flasche zurück. Nun, solche Mängel kommen ja häufig vor; der Feldsoldat muß Sie ertragen können. Bis jetzt hatten wir sozusagen noch keinen Feind gesehen; jetzt aber standen wir an der Schwelle eines Tages, der in die Weltgeschichte als ein denkwürdiger und als einer der blutigsten verzeichnet ist.

Schlacht bei Borodino, 28.8.1812-7.9.1812

Schlacht bei Borodino.

Am Morgen des 7. September 1812 verkündete der Tagesbefehl eine große Heerschau; das Regiment sollte en grande tenue, das heißt in Paradeuniform erscheinen. Die Brotlieferung, welche tags vorher hätte stattfinden müssen, kam endlich an, als das Regiment bereits in Reih und Glied stand. Die Verteilung fiel spärlich aus: jeder Mann erhielt etwa ¼ Pfund Brot und dazu 1/16 Quart Branntwein, der aber, wahrscheinlich mit Pulver geschwängert, ganz schwarz war. Ein dicker Nebel bedeckte das Land, so dass man auf einer Entfernung von dreißig Schritten keinen Gegenstand erkennen konnte.

Gegen 9 Uhr, als sich der Nebel etwas verzogen, erschien der Kaiser mit zahlreichem Gefolge vor unserer Front den Blick auf die Linien gerichtet. Er ritt einen kurzen Galopp, sah blaß und leidend aus. Es hieß damals, dass er an einer schmerzhaften Krankheit leide. Das einfache Äußere des Kaisers stach sehr ab gegen das glänzende Auftreten seiner Suite. Er trug wie gewöhnlich, den kleinen Hut, nur mit einfacher Kokarde geziert, einen grauen Oberrock, darunter eine grüne Uniform mit weißen

Aufschlägen, auf der Brust das Kreuz der Eh-
renlegion.

Es war ein herrlicher Anblick, das Gefolge
des Kaisers en grande tenue zu sehen; besonders schön machten sich die Marschälle und
Generäle ihren dunkelblauen Uniformen,
überaus reichlich mit Gold bordiert; vorzüg-
lich zeichnete sich unter allen der König von
Neapel, Murat, aus, durch seine eigentümliche
Kopfbedeckung und sein brillantes Kostüm.

Marschall Michel Ney
(1769-1815)

Die Heerschau war beendet und jeden Korps war bereits seine Stellung in der Schlachtordnung angewiesen. Wir bekamen die unsrige am äußersten rechten Flügel, in der dritten Linie; der Marschall Ney war für heute unser Führer und Befehlshaber.

Sofort wurde nun rechts in südlicher Richtung abmarschiert, doch das Geschick wollte es, dass wir zuvor als junge Krieger die Bluttaufe empfingen, ehe wir unsere Position erreichten. Es stand nämlich ein großer Park Reserve- Artillerie unserer Richtung hindernd im Wege, so dass wir unsern Marsch etwas östlich richten mussten. Gerade um diese Zeit wurde die Schlacht mit einer furchtbaren Kanonade eröffnet; zugleich brach die Sonne durch den Nebel und nun konnte man sehen, welche enorme Heeresmassen hier zusammengebracht waren.

Wir mussten jetzt eine Hochebene passieren, kamen aber zugleich in den Bereich einer feindlichen Batterie, welche hier ihr mörderisches Spiel trieb. Sofort gab es Tote und Verwundete. Unser allbeliebter General Damas war der erste, welcher an der Spitze des Regiments von einer feindlichen Kugel

getroffen vom Pferde stürzte. Dem Grenadierleutnant Poblotzky wurde ein Fuß, dem
Tambourmaitre Möhle, aus Hildesheim gebürtig, ein Arm weggerissen. Dies alles geschah vor mir, hinter sich sah niemand,
denn wiederholt erscholl das Kommando:
„Vorwärts! Vorwärts!"

General Francois Etienne Damas
(1764-1828)

Im Geschwindschritt hatten wir bald dies gefährliche Terrain hinter uns, indem wir wieder südlich gingen; zwar flogen uns auch hier die schwarzen Bälle wie toll um die Ohren, doch nicht in der Menge wie anfänglich. Nach Verlauf einer Viertelstunde hatten wir endlich unser Ziel erreicht. Sobald wir unsere Position eingenommen hatten, nahm in erster Linie das Gefecht seinen Anfang, und in demselben Augenblicke entbrannte auf der ganzen Linie, soweit das Auge sehen konnte, das mörderische Pelotonfeuer.

Einige hundert Schritte von unserem rechten Flügel entfernt befand sich ein Gehölz. Dieses war bei unserer Ankunft vom Feinde besetzt; eine gefährliche Nachbarschaft, die nicht geduldet werden konnte. Es wurden sofort Freiwillige aufgerufen und fanden sich etwa 150 vom Regiment, die sogleich durch den Adjudant-Major hineingeführt wurden. Doch zeigte sich diese Zahl bald als ungenügend, denn der Feind schien gar nicht gewillt zu sein, sein Terrain so leichten Kaufs aufzugeben, und unsere Freiwilligen hatten Mühe, das Gefecht stehend zu erhalten. Bald aber bekam unser erstes Bataillon den Befehl zum Einrücken in den Wald, so dass nach Verlauf von einer

Stunde, und zwar nach heftigem Widerstande, der Wald vom Feinde gesäubert wurde. Mancher Deutsche schlummert unter diesen hohen, schattigen Buchen seinen Todesschlaf bis an den jüngsten Tag.

Während nun ein großer Teil des Regiments im Walde mit dem Feinde im heftigen Kampfe begriffen war, hatten wir Zeit und Gelegenheit zu beobachten, was vor uns sich zutrug. Da sah man, wie die Verwundeten aus erster Linie zurückgingen, zum Teil mit, zum Teil ohne Gewehr; auch in zweiter Linie wurden von feindlichen Geschoß ganze Rotten weggerissen. Die Kugeln machten oft merkwürdige Sprünge. So schlug eine derselben vor unserer Kompagnie nieder, erhob sich wieder, ging über uns hinweg und fiel dem Sergeant Stäge von der dritten Kompagnie auf die Brust. Dieser stand ungefähr drei Schritte von mir entfernt. Ich hielt ihn für tot, denn er lag gleich am Boden. Nach einer Viertelstunde erholte er sich wieder und stellte sich wieder an seinen Platz. Die Kugel war ziemlich matt gewesen.

Da wir bis jetzt hier noch keinen tätigen Anteil am Gefecht nehmen konnten, war uns gestattet worden, uns auf unsere Tornister niederzusetzen. Diese Ruhe war den mit schwerem Gepäck beladenen Soldaten eine wahre Wohltat, zumal es ein sehr heißer Tag war; doch sollte diese Ruhe nur von kurzer Dauer sein, wie wir bald erfuhren.

General Theodore Chabert
(1758-1845)

Unser Divisionsgeneral Chabert, ein kluger, umsichtiger Führer, hatte vermöge seines Fernrohres ein gefährliches Vorhaben des Feindes erspäht, welches uns, unvorbereitet, das größte Verderben hätte bringen können. Er gab uns durch sein Sprachrohr sofort Kunde davon, indem er uns den Befehl erteilte: „Formez les carrés!" Diese ungewöhnliche kreischende Stimme und besonders dieser Befehl schnellte alles empor, fast schien es, als ob jeder Einzelne den furchtbaren Ernst der Lage erkannt hätte, so schnell und regelmäßig wurde der Befehl ausgeführt. Das erste Glied auf'm Knie, der Kolben wie in den Boden gewurzelt; fest Arm an Arm steht schon noch einigen Minuten das Karree vollendet da. Wenn der Mensch in Not und Gefahr ist, sieht er sich gern nach Rettung um, so auch wir. Unsere beiden Husarenregimenter waren bisher hinter unserer Front aufgestellt gewesen, in diesem Augenblick hätten sie uns viel nützen können, allein sie waren fort; mochten wohl an einer anderen Stelle ihre nötige Verwendung gefunden haben.

Doch nicht lange lässt der Feind auf sich warten. Im fernen Osten, weit hinter den feindlichen Linien, wirbelt eine Staubwolke auf, sie kommt näher und näher und bald entwindet sich derselben eine schwarze Reitermasse; einige Minuten später und der Feind ist völlig in Sicht. Ein starkes Regiment von mindestens achthundert Pferden; die schweren Rosse greifen aus und stampfen die dürre Heide, daß uns der Boden unter den

Füßen erzittert; wie wenn ein wilder Orkan ein Hagelwetter über die Fluren peitscht, rasselt und stürmt es daher im sausenden Galopp. Unser alter Oberst Füllgraf ritt auf seinem Braunen in der Mitte des Karrees, mahnend: „Ruhig, ruhig, Leute, fest!" Ja wahrlich fest steht das Karree wie eine Mauer, wie aus Granit gefügt; auf jedem Gesicht lagert eisiger Ernst. Die Entscheidung naht, fühlbar regt sich das Herz in der Brust. Hier gilt das Wort unsers gefeierten Dichters:

„Es tritt kein andrer für ihn ein.
Auf sich selber steht hier der Mann allein."

Doch jetzt handelt es sich nicht mehr um Minuten oder Stunden, nein, der Augenblick entscheidet hier über Leben und Tod.

Der feindliche Führer, ein schöner Mann von hohem Wuchs, die Brust mit Orden bedeckt, ist auf seinem behänden Schwarzen seiner Kolonne wohl zehn Schritt voraus dem Karree auf zwanzig Schritte nahe gekommen. Ein Blick auf die Anzahl der Bajonette eines sechsfach gegliederten Karrees, besonders die Haltung desselben muß ihm wohl die augenblickliche Überzeugung geben, dass hier keine Lorbeeren zu pflücken sind, kein günstiges Resultat zu erzielen sei. Rasch wirft er seinen vor Wut schnaubenden Rappen herum, ist in ziemlich zwei Sätzen wieder vor seiner Kolonne und der Trompeter bläst.

Aber jetzt zeigt sich dem Auge ein furchtbares Schauspiel. In diesem Augenblick entladet sich das Karree seines tödlichen Bleies und aus tausend Feuerröhren fährt der Tod in die durch die Umkehr gelockerte Kolonne. Viele der mächtigen Rosse liegen sofort samt den Reiter gestreckt am Boden; viele versuchen in Sprüngen davonzukommen, doch, das tödliche Blei im Leibe, brachen sie ebenfalls bald zusammen. Ein entsetzliches Gemengsel von Roß und Menschen! Noch nach Verlauf einer Stunde arbeiteten sich leicht Verwundete unter ihren toten Pferden hervor und entkamen in den nahen Wald.

Die Niederlage des Feindes musste wohl notwendig eine furchtbare sein in so geringer Entfernung, zumal der Infanterist instruiert ist, bei solchen Vorfällen besonders auf die Pferde zu zielen.

Bald nachdem diese Attacke so glänzend abgeschlagen war, bekam das sächsische Kürassierregiment von Zastrow Befehl zum

Angriff auf feindliche Karrees. Diese Reiter trugen schwarze Brustharnische; der Rücken war unbedeckt. Kampfesmutig kamen die Sachsen im scharfen Trabe an uns vorbei, ihr Heil zu versuchen, aber auch sie hatten keine Lorbeeren geerntet. Schon nach 15 Minuten kamen sie, von feindlichen Kürassieren verfolgt en carrière zurück. Sobald letztere in unserem Bereich kamen, wurde gefeuert, wobei es sich leider zutrug, dass auch die freundlichen Sachsen von uns einige blaue Pillen zu kosten bekamen. Jetzt kam der Teil des Regiments, welcher den Wald vom Feinde gesäubert hatte, zu uns zurück. Eine Stunde nachher erschien der Marschall Ney, stellte sich an die Spitze unserer Brigade und führte dieselbe nochmals in den Wald. Zu welchem Zwecke, ist uns unbekannt geblieben. Vielleicht wurde eine Umgehung des linken feindlichen Flügels oder eine sonstige Demonstration geplant. Wir gingen in östlicher Richtung, kamen dann links hinter den feindlichen Linien heraus, wurden aber hier von der feindlichen Artillerie mit einem so mörderischen Kartätschenfeuer empfangen, dass wenige möchten davongekommen sein, wäre nicht der Befehl zum schleunigen Rückzug gegeben worden. Ein Glück für uns, dass die

Russen zu hoch zielten; die schönen Buchen erlitten eine große Niederlage.

Darauf gingen wir wieder in unsere Position zurück, mussten aber bald nachher in die zweite Schlachtlinie einrücken. Um diese Zeit wütete die Schlacht furchtbar, besonders im Mittelpunkte des Schlachtfeldes, wo die feindlichen Schanzen erstürmt wurden. Vor uns in erster Schlachtlinie stand, wenn ich nicht irre, die italienische Division Claparede.

Vom feindlichen Feuer litten wir hier nicht bedeutend, denn der Zwischenraum bis zur ersten Linie mochte wohl dreihundert Schritte betragen.

Es mochte zwischen 3 und 4 Uhr sein, als uns der Befehl zukam, in erster Linie vorzurücken; dieses wurde schnell ausgeführt. Jetzt standen wir dem Feinde gegenüber. Es war eine Division der Garde, welche wir vor uns hatten. Lauter große, ausgesuchte Leute; viele trugen Medaillen und Orden auf der Brust. Die Uniform war dunkelgrün mit roten Aufschlägen; Tschakos mit hohen Rossbüscheln. Diese Truppen waren ebenfalls erst ins Gefecht geführt, als wir ankamen. Von unserer Seite wurde sofort das Feuer eröffnet und von feindlicher Seite prompt beantwortet. Trotz des tüchtigen Feuerns unsererseits blieb uns der Feind nichts schuldig. Es gab manche Lücke in der Kompagnie. Die Toten und Verwundeten wurden sogleich etwas zurückgebracht und letztere gingen, wenn sie konnten, zurück, um sich verbinden zu lassen. Bekümmern konnten wir uns weiter nicht darum, denn man hatte für sich vollauf zu tun.

Dies dauerte bis kurz von Sonnenuntergang. Unsere Munition war fast sämtlich verschossen. Furchtbar raste die Schlacht, besonders im Mittelpunkte des Schlachtfeldes, wo um diese Zeit die letzten feindlichen Verschanzungen erstürmt wurden. Ein fürchterlicher Kanonendonner, der die Erde erbeben machte, dazwischen hörte man das Husarengeschrei der stürmenden Kolonnen, welche wiederholt Angriffe machen mussten. Wir hatten, wie schon gesagt, fast alle unsere Munition verschossen. Schon war eine französische Division im Anmarsch, um uns abzulösen, als der Feind unvermutet und wider unser Erwarten sich zurückzog. Wir folgten sogleich rasch nach und kamen so wohl einige tausend Schritt über seine eingehabte Stellung hinaus. Hier machten wir Halt. Der Feind setzte in großer Ordnung seinen Rückzug nach Moshajsk fort. Wir waren alle bis zum Tode ermüdet. An Essen wurde wenig gedacht; es war auch leider nichts vorhanden, aber Ruhe war umso nötiger, und es war deshalb ein jeder darauf bedacht, sich für die Nacht ein Lager zu bereiten, wozu die in großer Menge vorhandenen Wacholderbüsche sehr von Nutzen waren. In einiger Entfernung von unserem Biwak fanden sich hier zwischen den Büschen hohe Haufen abgenommener Glieder, als Arme, Beine und Hände. Hier musste wohl ein feindliches Lazarett seinen Platz gehabt haben, doch wohl schon vor der Schlacht, weil manche Glieder schon in Verwesung übergingen.

Während ich mich in der Gegend etwas umgesehen hatte, war der Furier Fischer bereits bemüht gewesen, ein gutes Nachtlager für uns zu bereiten. Wir waren sehr intime Freunde. Dieser Mann war aus Brilon im Waldeckschen gebürtig. Als wir uns niederlegten, waren wir beide voll Freude und Dankgefühl, dass wir diesen heißen Tag so vollkommen gesund überlebt hatten.

Die Nacht verging ruhig und still, aber der Appell am folgenden Morgen zeigte einen großen Verlust; wir hatten ein Dritteil der Kompagnie in der Schlacht eingebüßt, und so war es durchgehends. Wahrlich ein teurer Sieg.

Unser Regiment blieb noch zwei Tage auf dem Schlachtfelde stehen, darauf marschierten wir nach Moshajsk. Hier hatte bereits der Herzog von Abrantes, der Oberkommandeur unseres Armeekorps, sein Hauptquartier aufgeschlagen; die westfälischen Garderegimenter hatten die Stadt besetzt, wir nahmen die Vorstädte in Besitz und richteten uns ein, so gut es die Umstände erlaubten. Die Häuser fanden wir sämtlich verlassen. Die Einwohner waren mit den Russen fortgezogen, hatten alle Sachen von Wert, als Betten, Kochgeschirr usw. mitgenommen, sogar die kleinen Handmühlen, wovon man in jedem russischem Hause wenigstens eine findet, waren mit fort. Die Gärten um uns her waren reichlich mit Früchten bestellt, aber was wir sehr schmerzlich vermissten waren Kartoffeln; diese mussten hier wohl nicht so heimisch sein als bei uns, dagegen war Überfluß an Hackfrüchten aller Art, besonders weißer Kohl, und da es uns anfänglich an Hammelfleisch nicht fehlte, wurde dieser häufig benutzt. An Brot litten wir großen Mangel. Der Feind hatte bei seinem Abzuge alle Vorräte von Mehl und Korn mitgenommen oder vernichtet, ebenso die Steine in den Mühlen zerschlagen, sowie auch die Backöfen, so dass wir lediglich auf Fleisch, welches auch bald anfing knapp zu werden, und Gartenfrüchte beschränkt wurde. Mit dem weißen Kohl wurde anfänglich verschwenderisch umgegangen, zuletzt mussten die Strunken nachgeholt werden.

Am 28. Oktober kam der Kaiser mit seiner Armee von Moskau zurück. Wir mussten den Herren Franzosen sogleich unsere Quartiere räumen und auf freiem Felde biwakieren.

Napoleon im brennenden Moskau, September 1812

Der Rückzug

Am folgenden Tage nahm der unglückliche Rückzug seinen Anfang. Der Soldat bekam 8-10 Pfund Mehl geliefert mit der Vertröstung, dass er in Smolensk mit allem reichlich versehen werden würde. Bei unserem Abmarsch wurde ein großes Heumagazin, welches wir vorgefunden hatten, in Brand gesteckt, übrigens blieb die Stadt unbeschädigt.

Rückzug

Wir marschierten nun über das Schlachtfeld zurück nach Ghiat (Gschatsk), am folgenden Tage nach Wjasma, beides kleine Städte. Jetzt kündigte sich aber schon der

Winter an mit starken Nachtfrösten und Schnee. Die nahm schon in den nächsten Tagen an Heftigkeit zu, dabei musste dennoch jede Nacht unter freiem Himmel zugebracht werden.

Bald hörte die Verpflegung, welche anfänglich noch aus Fleisch bestand, von seiten des Regiments ganz auf. Nun war der Soldat auf sich selbst angewiesen und musste sehen und suchen, wo er etwas Nahrung fand. Dies war aber in dieser menschenleeren Gegend, wo die elenden kleinen Dörfer oft 3 bis 4 Meilen voneinander entfernt liegen, eine höchst schwierige Aufgabe. Mit dem Schlachten der Pferde wurde jetzt schon der Anfang gemacht, aber diesen fehlte es ebenso an Futter, Sie waren abgetrieben und lieferten nur Haut und Knochen.

Da der Soldat von Seiten des Regiments nichts mehr bekam, so kümmerte er sich auch um seine Kompagnie nicht mehr, sondern ging, wo und wie er wollte. Auf diese Weise löste sich der militärische Verband gänzlich auf. Ein übler Umstand, welcher diese Auflösung noch beschleunigte, war, dass die Leute, welche die Kochkessel zu tragen hatten, gewöhnlich die ersten waren, die zurückblieben, wodurch den anderen die Möglichkeit benommen wurde, ihre Lebensmittel, die sie vielleicht noch besaßen, kochen zu können. Das Kochen, wenn es überhaupt möglich war, geschah morgens beim Aufbruch der Biwaks, und zwar der grimmigen Kälte wegen mit Schneewasser, ohne Fett und ohne Salz. Ich kam zu dieser Zeit in den Besitz eines kleinen kupfernen Kessels, welcher mir später von großem Nutzen wurde. Wie wir eines Morgens das Biwak verließen, bemerkte ich einen französischen Kavalleristen auf der Erde neben seinem Mantelsack liegen. Der arme Kerl war während der Nacht erfroren. Bei ihm fand ich den kupfernen Kessel, trat die Erbschaft an und nahm ihn mit.

Nach einigen Tagen kam unsere Kolonne vor Smolensk an, natürlich im elendesten Zustande. Es war gegen Abend. Jeder suchte sich ein Nachtquartier, was indes seine Schwierigkeiten hatte, weil alle Gebäude schon über und über besetzt waren. Nach langem Umherirren bemerkte ich ein massives Haus in einem großen Garten, der etwas abseits lag; es musste dem Anschein nach die Wohnung eines vornehmen Mannes sein. Man gelangte zuerst in einen Säulengang mit überragendem Altan, aber auch hier fand ich die inneren Räume mit Militär überfüllt. Es blieb mir nichts übrig, als in dem Säulengange auf den nackten Steinplatten ohne jegliche Unterlage zu übernachten. Ich blieb jedoch nicht lange allein; es kamen bald mehrere Kriegsgefährten, welche neben mir Platz nahmen. Wir waren hier wenigstens vor dem kalt daherpfeifenden Winde geschützt. Bald nachher kam ein Offizier zu mir und bat mich um meinen Kessel; ich trug Bedenken, ihn denselben zu geben, allein er ließ nicht nach und sagte im freundlichen Tone: „Vraiment! Camarade, je reviens chez vous." Der Mann hielt treulich sein Wort, brachte mir nach Verlauf einer Stunde meinen Kessel nebst einem Stück gebratenen Fleisches darin zurück. So war ich denn für diesen Abend versorgt. Wir rückten dicht zusammen, um uns so viel wie möglich zu erwärmen; dies ging soweit auch ziemlich gut, wir schlummerten sogar hörbar. Allein nach Mitternacht hatte sich der Wind gedreht und wir wurden alle mit einer weißen Schneedecke überzogen. Wir hielten jedoch aus bis der Tag anbrach, dann ging jeder auf die Suche nach Nahrung.

Bei Smolensk August 1812

Ich hatte mir vorgenommen, einen Versuch zu machen, in die Stadt hineinzukommen; war dem Tore auch schon ziemlich nahe, als ich sah, dass ein französischer Infanterist von dem wachhabenden Offizier mit Säbelhieben zurückgetrieben wurde, und erfuhr dann, dass nur geschlossenen Bataillonen und Regimentern der Einmarsch in die Festung gestattet werde. Ich gab also mein Vorhaben auf und kehrte um. Bald nachher bemerkte ich unter einem Wagenschuppen den Chef meiner Kompagnie, Kapitän von Netzar, welcher hier kein Nachtlager aufgeschlagen hatte. Er hatte sich auf dem Marsche ein Pferd und einen Wagen angeeignet, musste aber wegen Mangels an Futter beides zurücklassen. Hier verblieb ich eine Stunde, um meine Wäsche zu wechseln, denn ich hatte noch ein reines Hemd in meinem Tornister. Das alte war aus Gründen, die zu beschreiben ich unterlasse, nicht mehr zu gebrauchen. Ich warf es fort. Der Kapitän bezeichnete mir ein Haus, wo Mehl oder Grütze zu haben sei, denn Brot war nirgends zu haben Ich ging dort hin und erhielt von einem Manne geschrotenes Korn und Weizen, was ich ihm teuer bezahlen musste.

Ausschnitt eines Gemäldes von Professor Carl Röchling

Kolonne auf dem Rückmarsch

Am anderen Morgen marschierte unsere Kolonne weiter, denn Regimenter gab es jetzt nicht mehr, sondern nur Kolonnen in der Stärke von 200 bis 300 Mann. Aus diesen Kolonnen bildeten sich wiederum Kameradschaften in verschiedener Stärke von 8 bis 15 Mann. So besorgten Sie Biwaksfeuer und unterhielten dasselbe durch Herbeiholen von Brennmaterialien. Jeder Mann hatte einen freien Platz am Feuer. Wer nicht zu einer Kameradschaft gehörte, für den war es schwer, einen Platz am Feuer zu finden.

Wenn es sich traf, dass am Abend die Kolonne in der Nähe eines Dorfes lagern musste, gab es oft blutige Händel wegen des Brennmaterials. Ich erinnere mich, dass ein französischer Offizier hierbei den Tod fand. Der Fall trug sich folgendermaßen zu: Französische Offiziere hatten ein kleines Häuschen für sich in Anspruch genommen und besetzt. Ein westfälischer Kürassier, der zu meiner Kameradschaft gehörte, riß von dem Dache dieses Häuschens einige Schindeln und Sparren hinweg. Die Franzosen wollten dies nicht leiden und einer derselben sprang wütend auf den Kürassier ein und fasste ihn bei der Brust. Dieser aber hatte ein Stück Holz in der Hand, schlug damit um sich und traf damit seinen Angreifer so unglücklich, dass er taumelte, umfiel und für immer das Aufstehen vergaß. Dieser Umstand war das Signal zum allgemeinen Sturme auf das Haus und in weniger als zehn Minuten war es auseinandergerissen und in hundert Händen. Um den toten Franzosen bekümmerte sich kein Mensch.

Es war ein großes Unglück für die Armee, dass sie auf derselben Straße ihren Rückzug nehmen musste, auf der sie gekommen war. Der Weg nach Krasnyi den wir nahmen, etwa 15 Meilen von Smolensk entfernt, führt durch eine menschenleere Wüste. Die wenigen Dörfer fanden sich schon auf dem Hinwege von den Einwohnern verlassen und nur wenigen von den unserigen war es gelungen, einige Lebensmittel von Smolensk mitzuführen. Nur die französische Garde, obgleich sie in der Schlacht bei Mohajsk keinen Schutz getan hatte, wurde dort einige Tage lang sehr gut verpflegt und für den Marsch gut bedacht. Nach einigen Tagen unseres Abmarsches von Smolensk stieg das Elend bis zum höchsten Gipfel. Die Kälte nahm in schrecklicher Weise zu, die Lebensmittel aber immer mehr ab. Viele Soldaten wurden wahn- und irrsinnig; so stürzte mancher in der Kolonne nieder und blieb tot liegen; andere leerten den Inhalt ihrer Tornister aus und legten Stück für Stück nebeneinander hin, als ob Inspektion gehalten werden sollte. Dies war aber ihre letzte Stunde, sie fielen um und waren tot. Dies geschah so oft, dass es von den Vorbeimarschierenden gar nicht mehr beachtet wurde. In diesen Tagen der höchsten Not und des Elends verlor die Kavallerie fast alle ihre Pferde wegen Futtermangels. Da sah man Kürassiere, Dragoner und berittene Offiziere den Mantelsack auf den Rücken in ihren schweren Stiefeln zu Fuß weiter marschieren. Kanonen und Pulverwagen blieben stehen, weil die Pferde sich selbst nicht fortbewegen konnten. Die Kanonen wurden vernagelt, letztere aber sowie alles Fuhrwerk zusammengefahren und in die Luft gesprengt, um sie dem Feinde, der uns auf dem Fuße nachfolgte, nicht unversehrt zu überlassen. Die Pferde, welche noch einigermaßen bei Fleisch waren, wurden geschlachtet, die anderen blieben liegen. Pferdefleisch war in dieser Zeit überhaupt unsere einzige Nahrung. Die höchsten Generäle und Stabsoffiziere sah man zu Fuß gehen, von ihren Bedienten verlassen, ihre Kleidung und Effekten selbst tragend und ganz auf sich selbst angewiesen.

Bei Krasnyi

Die Gegend, welche wir bis jetzt passiert, war flach und eben, wird aber in der Nähe von Krasnyi gebirgig. Die Straße führt durch ein enges Tal nach dieser Stadt.

Eines morgens, als wir der Stadt schon ziemlich nahe waren, kamen mehrere Leute unserer Kolonne, welche vorausmarschiert waren, eilig mit der Nachricht zurück, dass die Straße vom Feinde besetzt sei. Dies verursachte allgemeine Unruhe und Überraschung. Der Oberstleutnant Bödeker von der westfälischen leichten Infanterie, welcher sich mit in der Kolonne befand, ließ dieselbe sogleich in Reih und Glied stellen, hielt eine energische Rede und wusste die Leute so zu begeistern, dass alle zum höchsten Mute entflammt wurden. Alle Leute, welche noch Gewehre trugen, wozu auch ich noch gehörte, bildeten die Vorhut oder traten an die Spitze der Kolonne; dann mussten alle Tambours ebenfalls an die Spitze. Diese machten nun einen Höllenlärm mit ihren Trommeln, als ob Tausende von uns im Anmarsch wären. Jetzt ging es vorwärts mit wahrer Begeisterung dem Feinde entgegen. Was hatte man noch zu verliere? Das Leben ? Dies galt uns damals so viel, wie eine taube Nuß. Der Feind, der im Verhältnis zu uns die Straße stark genug besetzt hatte, größtenteils mit Kavallerie, verlor bei unserem ungestümen Vordrängen den Mut und die Fassung; suchte sein Heil in der Flucht, einige Tote und Verwundete zurücklassend. Auf diese Weise wurde die Straße wieder frei und wir wurden vom Feinde vorerst nicht weiter belästigt. Am Abend erreichten wir Krasnyi.

Napoleon verlässt seinen Reisewagen

Den Kaiser sah ich in dieser zeit auch einige Mal. Bei stillem Wetter und Sonnenschein verließ er wohl mittags auf kurze Zeit seinen wohlverwahrten Reisewagen, um sich einige Bewegung zu machen. Einige Marschälle, Generäle und sein Leibmameluk Rustan waren stets in seiner Nähe. Letzterer ließ ihn nie aus dem Auge.

Von hier ging der Marsch auf Ladi, einem kleinen Städtchen. Hier hatte ich einen unangenehmen Verlust. Ich war nämlich in ein Haus eingetreten, um mich zu erholen. Bald folgten mir mehrere, so dass bald die ganze Stube überfüllt war. Plötzlich erscholl der Ruf: „Kosacken! Kosacken!" Jeder griff in der Hast nach seinem Tornister und Mantelsack. Alle eilten schnell auf die Straße und ich hatte in der Eile das unrechte Gepäck bekommen. Ich gab mir alle Mühe, das Meinige wieder zu bekommen, aber vergebens. Statt meiner weißen Uniform fand ich darin die blaue eines französischen Soldaten. Gern hätte ich ein Hemd darin gefunden, weil ich eben das letzte auf dem Leibe trug, doch hiermit war es nichts.

Am nächsten Tage kamen wir nach Dubrowna. An diesem Tage trat Tauwetter ein, welches für uns sehr wohltuend war. Bald nachher erreichten wir Orscha am Dnjepr. Wir fanden die Brücke unversehrt. Es war ein schöner, sonnenheller Tag; die ganze Natur hatte sich hier verändert; man sah wieder bewohnte Dörfer und es schien fast, als wollte der Himmel Teilnahme zeigen an unseren Leiden und unseren Entbehrungen.

Von hieraus führt eine Chaussee nach Borissow an der Beresina. Viele von uns hatten sich an die Gräben gesetzt, um die erwärmenden und wohltuenden Strahlen der Sonne zu genießen.

Hier ließen sich interessante Betrachtungen anstellen. Dieselben Leute, welche hier ermattet, hohlwangig und elend, ein Bild des Erbarmens, am Wege saßen und lagen, waren vor nur einigen Monaten hier als jugendkräftige Männer in schmucken, kleidsamen Uniformen, voll Mut und Kampfeslust einhergezogen, und jetzt, welch ein entsetzlicher Kontrast: Verhungert, verfroren, das Zeug vom Leibe gebrannt, das Gesicht vom Rauch der Biwaks geschwärzt, voll Schmutz und Ungeziefer, die erfrorenen Füße mit Lumpen umwickelt, sieht man sich mühsam fortschleppend, vielleicht noch härteren Leiden entgegengehend.

Es war Mittag vorüber; der Magen machte seine Anforderungen, auch musste auf ein nächtliches Unterkommen Bedacht genommen werden. Unsere Kameradschaft hatte in den letzten Tagen Verluste gehabt an Maroden und Kranken, dagegen waren einige neue Kameraden hinzugekommen, darunter ein preußischer Husar, welcher von Profession Schlachter war. Nicht gar weit von der Straße lag ein Dorf. Wir verabredeten dort zu übernachten. Ein Franzose, der auch zu uns gehörte, fand dies sehr bedenklich; er hatte vor einigen Tagen bei einem Überfalle der Kosacken seine sämtliche Habe verloren, entschied sich aber dennoch und ging mit uns. Wir kamen hier über das Terrain, wo unser Regiment vor drei Monaten sein Erholungslager gehabt hatte. Von den Hütten, die wir damals aus Laubwerk gebaut hatten, standen noch einige unversehrt.

Bei unserer Annäherung waren die Einwohner des Dorfes geflüchtet. Wir kamen auf einen großen Hof. Pferde, Wagen und Kühe hatten sie mitgenommen, dagegen fanden wir eine warme Stube, ein herrlicher Fund, denn seit meinem Ausmarsch aus Moshajsk hatte ich in keiner warmen Stube zugebracht. Auch fanden wir einen Stall voll Hammel und Schafe. Sogleich wurde zum Schlachten geschritten, womit der preußische Husar meisterhaft umzugehen verstand. Jetzt wurde gekocht. Beim Durchsuchen des Hauses fanden wir auch Roggen, zugleich auch eine Handmühle, welches alles uns gut zustatten kam. Wir machten uns ein treffliches Strohlager und schliefen so behaglich, dass uns mancher Fürst wohl um unseren gesunden Schlaf beneidet hätte. Abwechselnd wurde übrigens an der Mühle gearbeitet und am Morgen wurde das Fleisch und Mehl verteilt, worauf wir wieder der Straße zuwanderten. Bei meiner Ankunft bemerkte mich ein französischer Artillerieoffizier, der mich bat, ihm etwas von meinem Mehl abzulassen. Ich gab ihm ziemlich die Hälfte meines Vorrats, es mochten wohl einige Pfund sein. Indem er es nahm, fragte er: „Combien le prix, camarade?" Ich schwieg; er griff in seine Tasche und gab mir ein Fünffrankenstück, welches ich dankend annahm.

Unser Marsch wurde fortgesetzt. Nachdem wir etwa eine halbe Stunde gegangen, teilte sich der Weg; die eine Straße rechts führte nach Borissow, die links nach Minsk. Hier stand ein Gendarmerie- Pikett zu dem Zwecke, alles auf Borissow zu dirigieren. Indem ich hier einige Augenblicke verweilte, kamen fünfzehn Mann noch berittene westfälische Husaren von dem schönen Hammersteinschen Regiment, welches beim Ausmarsch nach Russland sechshundert Mann stark war. Dies war, wie ich erfuhr, der gebliebene Rest. Sie nahmen ihren Weg nach Minsk – der französische Offizier widersetzte sich und es wäre beinahe zu blutigen Tätlichkeiten gekommen. Die Husaren führten dennoch ihr Vorhaben aus, indem sie vorschützten, dass ihr Befehlshaber bereits voraus sei. Hier erfuhr ich auch, dass Borissow vom Feinde genommen, aber wieder geräumt sei.

So schön und prächtig uns gestern die Sonne gelächelt, so war dies nur von kurzer Dauer gewesen; es trat wieder strenger Frost ein. Auf unserem Marsche von hier nach Borissow berührten wir mehrere kleine Dörfer, aber alle Häuser an der Straße waren mit Kranken und Sterbenden und solchen, die nicht mehr konnten, gefüllt. Sie mussten endlich der Großmut des Feindes überlassen werden.

Am 27. November 1812 kamen wir in die Nähe von Borissow, etwa eine Stunde wegs von der Beresina, an. Die steinerne Brücke, welche früher zur Stadt führte, war von den Russen gesprengt worden. Es wurde eine neue hölzerne hergestellt, nachdem vorher der Feind aus der Stadt vertrieben worden war; eine zweite Brücke, welche besonders für Fuhrwerk, Kanonen, Pulverwagen usw. bestimmt war, wurde bei dem Dorfe Studjanka, unterhalb Borissow, über den Fluß geschlagen. Derselbe ist hier nicht von besonderer Breite, hat aber auch auf der östlichen Seite morastige Ufer, welche sehr flach sind, wogegen die westliche Seite aus hohem

Ufer besteht, das das Flussbett etwa 6 bis 8 Fuß überragt.

Wie oben gesagt, waren wir auf der Straße von Borissow. Hier zweigte sich der Weg nach Studjanka links ab, und an dieser Stelle löste sich unsere Kameradschaft auf, weil wir in der Wahl des Weges uns nicht einigen konnten. Ich wählte den letzteren. Bald nachher kam ich bei einer Abteilung Württemberger, welche hier auf Vorposten standen. Die Leute sahen aus, als wenn sie eben vom Paradeplatz gekommen waren. Der Offizier kam auf mich zu und fragte, wo wohl der Kaiser wäre. Ich antwortete ihm, wahrscheinlich in Borissow. „Nun" meinte er in seinem schwäbische Dialekt „dann wird noch alles gut gehen!" So groß war das Vertrauen in der ganzen Armee zu dem großen Heerführer. Aber schon nach wenigen Tagen verließ er die Armee, um nach Paris zurückzukehren. Ich ging nun weiter und sah mit Erstaunen die ungeheure Menge von Kanonen, Pulverwagen und anderen Gefährten, welche hier aufgehäuft waren. Zu meiner größten Freude traf ich hier zwei meiner Kameraden vom Bataillon. Wir hatten uns lange nicht gesehen. Wir teilten brüderlich, was wir hatten und verzehrten gemeinschaftlich das letzte

Stück Hammelfleisch, das ich noch im Besitz hatte, musste aber mit einem Nachtlager im Freien Vorlieb nehmen. Die Kameraden waren der Sergeant-Major Nolte aus Braunschweig und der Sergeant- Major Weinant, bei Cassel zuhause. Ersterer wurde jenseits der Beresina gefangen genommen, diente später im braunschweigischen Korps als Leutnant. Von Letzterem habe ich nie wieder etwas gehört.

An der Brücke wurde unaufhörlich gearbeitet; man konnte das Hämmern und Klopfen, das bis nach Mitternacht dauerte, deutlich hören.

An der Beresina

Über die Beresina.

Am andern Morgen teilte ich meinen Kameraden meinen Vorsatz mit, den Übergang über die Beresina zu versuchen, und forderte sie ebenfalls dazu auf, allein sie waren dazu nicht zu bewegen, erklärten es geradezu für unmöglich, durch die enormen Massen von Fuhrwerken an die Brücke gelangen zu können. Ich blieb indes bei meinem einmal gefassten Entschluß, den Versuch zu wagen, und auf diese Weise mussten wir uns leider trennen. Ich wurde auf meinem Marsche zur Brücke durch die vielen Biwakfeuer und sonstige Hindernisse lange aufgehalten. Bei vielen Kanonen lagen die Pferde am Boden in den letzten Zügen; andere waren bereits durch Hunger und Kälte umgekommen. Hier wurde ein Pferd geschlachtet, dort ein solches an die Umstehenden verteilt, die oft wegen der Teilung in Zank und Streit gerieten. Alles Fuhrwerk war so ineinander gefahren, dass ich oft große Umwege machen musste, um meine Richtung einigermaßen innezuhalten.

Hier auf diesem Raume waren fast alle Nationalitäten vertreten. Da hörte man Franzosen, Schweizer, Süd- und Norddeutsche, Preußen, Polen, Italiener, Neapolitaner; es war ein Wirrwarr, ein Gemengsel, ein Chaos, der wohl noch nie seinesgleichen gefunden hat oder jemals wieder finden wird.

Am 28. November mittags gelangte ich endlich in die Nähe der Brücke. Von dem Dorfe sah ich nur noch wenige Häuser, die anderen waren während der Nacht in den Biwaks in Asche verwandelt worden. Schon am frühen Morgen war hier ein Teil der kaiserlichen Garde den Fluß passiert, um den Feind, welcher das westliche Ufer besetzt hielt, zu verdrängen und den Weg frei zu machen, welches auch mit dem besten Erfolg geschehen war. Dicht neben der Brücke stand ein polnisches Bataillon Infanterie zum Schutz derselben, und um den Andrang der Masse zu verhindern. Diese jungen Soldaten, deren uns einige Regimenter von Wilna entgegengekommen waren und noch keinen Feind gesehen hatten, spöttelten und machten sich lustig über unser Aussehen und unsere Anzüge, die zum Teil nur noch in Fetzen zusammengehalten wurden. Sie ahnten nicht, dass nach Verlauf von nur kurzer Zeit sie in gleiche Verfassung kommen sollten.

Endlich war ich nach langem Bemühen an der Brücke angelangt. Auf derselben hatte sich ein Detachement der Gendarmerie postiert, welches den Befehl hatte, niemand hinüber zu lassen. Nach Verlauf einer halben Stunde sah ich, wie ein Adjudant des Hauptquartiers im scharfen Trabe der Brücke zueilte. Er brachte eine schriftliche Order für die Gendarmerie. Diese formierten sofort einen Kreis und schrieben in ihr Tagebuch, was der Adjudant diktierte. Jetzt stieg mir der Gedanke auf, diesen Augenblick zu benutzen. Ein großes Wagnis. Ich trat rasch auf die Brücke, und während die Blicke der Gendarme auf das Papier gerichtet waren, ging ich rasch hinter den Pferden hin und erreichte so ungehindert das diesseitige Ufer. Als ich ungefähr 50 Schritte zurückgelegt hatte, sah ich mich um und nahm mit Erstaunen wahr, dass mir niemand gefolgt war. Der Kreis war wieder geöffnet und die Passage abermals gesperrt.

Ich verfolgte jetzt den Weg, den die Garde genommen hatte, und traf bald ein Bataillon derselben auf einer öden Heide im Biwak. Es war ein furchtbares Wetter. Schloßen und Schnee wirbelten wie um die Wette hernieder. Der Abend war nahe und ich beschloß, dort zu übernachten. Es war schwierig, einen Platz am Feuer zu bekommen. Ein Wald war nicht in der Nähe und so wurde vom nächsten

Dorfe Brennmaterial, bestehend aus Hausgerät, Türen und dergleichen, herbeigeschafft. Ein französischer Sergeant, mit dem ich mich in seiner Sprache unterhielt, vermittelte es, dass ich einen Platz am Feuer erhielt, wofür ich ihn an meinem Abendessen, welches aus einigen Kartoffeln bestand, die im Feuer geröstet wurden, teilnehmen ließ. Hätten wir dazu Salz gehabt, so wäre diese Mahlzeit unter den Umständen eine fürstliche gewesen. Ein Kapitän der Garde, welcher mir gegenüber saß, blickte lüstern nach uns herüber; er mochte wohl guten Appetit, aber nichts zu essen haben. Ich reichte ihm auf meiner Säbelspitze einige geröstete Kartoffeln hinüber, welche er mit freundlichstem Danke annahm. Bis Mitternacht wurde das Feuer unterhalten; es wurden noch immer Bestandteile von Häusern, als Sparren, Schindeln und Balken herbeigeschafft. Nach Mitternacht legte man sich zur Ruhe, wie immer im Biwak, dicht nebeneinander. Doch zum Schlafen durfte man nicht kommen, sonst wäre es die letzte Nacht gewesen.

Die Kälte hatte so heftig wieder zugenommen, der Himmel war hell und heiter geworden, die Sterne funkelten feurig und der ungestüme Nordwest fegte so unbarmherzig über die busch- und baumlose Fläche, daß man hätte glauben sollen, in dieser Nacht müsste alles Lebende vernichtet werden.

Beim Aufbruch am frühen Morgen sah man auch, dass einige ihr Lebensziel hier gefunden hatten.

Die Garde blieb hier stehen; ich setzte meinen Weg nach Wilna fort. Ich war jetzt ganz ohne Nahrungsmittel, musste also darauf bedacht sein, diese zu finden; verabredete mich deshalb mit einem anderen Kriegsgefährten, zu diesem Zwecke einem Bauernhof eine Visite abzustatten. Wir gingen sogleich in das Haus und in die Stube, wo die Familie sich befand, suchten und forderten Brot, allein man antwortete uns, dass kein Brot vorhanden, sondern alles fortgenommen sei, wobei der Frau die Tränen über die Wangen liefen. Die Familie saß auf dem Fußboden. In ihrer Angst glaubten sie vielleicht, ihre letzte Stunde sei gekommen; die Kinder schrien erbärmlich. In diesem Augenblicke wurde es auf dem Hofe lebendig. Mehrere Soldaten hatten die Ställe geöffnet, wahrscheinlich um Vieh fortzutreiben. Ein Mutterschwein, umgeben von seinen Ferkeln, wurde von den Soldaten umringt und niedergestochen. Eines dieser Ferkel, sie mochten wohl acht Tage als sein, flüchtete sich in die Stube wo wir uns befanden, Schutz an der Seite der Bäuerin suchend. Doch sofort stürzte ein französischer Soldat mit aufgepflanztem Bajonett herein, spießte das kleine Tier auf und trug es fort ins Biwak. Wir fanden zwar kein Brot, jedoch Kartoffeln zur Nahrung für zwei Tage. Wir waren damit sehr zufrieden und gingen fort.

Mein Marsch nach Wilna wurde fortgesetzt und Erlebnisse dieser Art fanden sich noch mehrere auf der Tour. Einige Tage nachher wäre ich beinahe im Feuer umgekommen. Etwa 50 bis 60 Soldaten, worunter auch ich mich befand, hatten sich in einer Scheune einquartiert und auf beiden Seiten reichlich Strohlager gemacht, denn die Scheune lag oben ganz voll Stroh. Nach einigen Stunden kamen noch mehr Soldaten, welche dort ebenfalls übernachten wollten, fanden aber auf dem Lager keinen Platz mehr. Die Scheune war ziemlich breit. Dieser Nachtrupp, der, wie es schien, noch nicht gegessen hatte, kam auf den Einfall, in der Mitte der Scheune, zwischen den Lagern Feuer anzuzünden und Essen zu kochen. Das wäre auch bei einiger Vorsicht ohne Schaden abgegangen, aber diese Vorsicht fehlte. Nachdem sie gegessen hatten, wurde noch mehr Reisig aufgelegt um den Platz zu erwärmen, denn es war sehr kalt. Die Funken aber teilten sich dem Stroh mit, das über uns lag und bald kam ein förmlicher Feuerregen auf uns hernieder; nach wenigen Augenblicken stand alles in Flammen. Man hörte einen allgemeinen Notschrei. Die Deutschen riefen „Hinaus!". Die Franzosen „Sauf qui peut!". Die Polen verstand ich nicht. Es gab eine unbeschreibliche Verwirrung. Alles sprang auf und drängte nach der Tür, welche zum Glück ziemlich breit war. Einige Ohnmächtige und Kranke wurden übergerannt, jedoch kamen alle mit dem Leben davon. In einigen Minuten bildete das Gebäude eine riesige Feuersäule. Wir hatten nur noch den Vorteil, dass wir uns daran wärmen konnten. Man legte sich nieder und erwartete den Tag, wo der Marsch nach Wilna fortgesetzt wurde.

Nach wenigen Tagen kam ich in die Nähe dieser Stadt. Zu meiner großen Freude fand ich hier Landsleute, eine Kompagnie Westfalen. Diese hatten sich auf einem Kirchhofe postiert und standen hier auf Vorposten. Das Regiment kam von Danzig und war der Armee als Ersatztruppe entgegengeschickt worden. Ich wurde von ihnen sehr kameradschaftlich empfangen und musste an ihrem Mittagessen teilnehmen. Es bestand aus grauen Erbsen und Speck. Nachdem ich eine gute Mahlzeit gehalten, ging ich in die Stadt mir ein Nachtquartier zu suchen, fand dieses auch in einer Schenke, wo schon viele meiner Waffengefährten versammelt waren. Der Wirt war in großer Angst, denn man hörte von Zeit zu Zeit Kanonendonner. Er glaubte, dass die Russen nicht sehr fein würden. Dies war nicht unsere Meinung, sondern dass unser Zuzug den Feind abhalten würde. Wir blieben deshalb da und die Nacht verging ruhig.

Am anderen Morgen machte ich mich früh auf, um meinen Weg nach Kowno fortzusetzen. Meine Kameraden streckten sich noch auf ihren Strohlagern, indem ich dem Tore zueilte. Es war noch in der Dämmerung. Ich bemerkte, dass eine Frau aus einem großen Gebäude kam und etwas trug. Ich verfolgte sogleich den Weg, den sie gekommen, und fand ein Magazin. Hier standen große Fässer mit Schiffszwieback, welche zum Teil schon aufgeschlagen und teilweise geleert waren. Dies war ein köstlicher Fund für mich. Ich nahm soviel ich davon tragen konnte, aß mich auch ordentlich satt. Bald traf ich auch ein anderes Magazin von

Kleidungsstücken für die Armee. Dies war, wie es schien, schon tags vorher preisgegeben. Hier standen viele Fässer mit Kleidungsstücken aller Art. Der Boden war bedeckt von allem, was bei der Auswahl zurückgeworfen war. Ich warf sogleich meinen zerfetzten Mantel fort und nahm eine Unterjacke und zwei neue Mäntel; ich suchte nach Hemden, konnte aber keine finden. Nun ging ich weiter und hatte bald die Stadt hinter mir. Mich beschlich ein wohltuendes Gefühl, war ich doch für einige Tage mit Proviant versehen und glaubte, nun ungehindert die polnische Grenze erreichen zu können. Doch ein ganz anderes Los und noch eine Reihe von Widerwärtigkeiten waren mir beschieden. Sorglos wanderte ich inmitten vieler Leidensgefährten. Alle waren voll freudigen Mutes und voller Hoffnung, dass unsere Leiden bald ein Ende nehmen würden.

Gegen Abend erreichten wir eine Anhöhe, über die unsere Straße führte. Vor derselben standen mehrere Kanonen und Pulverwagen, und was mich besonders interessierte war der Anblick eines Wagens unseres Regiments. Er war entleert. Viele Papiere, welche auf das Regiment Bezug hatten, lagen umher. Alles hatte müssen zurückgelassen werden, weil die Straße spiegelglatt war. Doch was kümmerten mich jetzt die Papiere des Regiments, wo es galt das nackte Leben zu retten. Von dieser Anhöhe aus konnte man die Gegend der rückwärts liegenden Stadt übersehen. Zu unserem Schrecken bemerkten wir, dass eine unabsehbare Reihe Kosaken uns folgte. Wir verdoppelten unsere Schritte, allein kraftlos, wie wir alle waren, holten sie uns bald ein, obgleich sie nur Schritt ritten. Ihnen schien es aber daran gelegen zu sein, ihr Tagwerk sobald als möglich zu beenden, zumal die Kälte wieder eine ganz entsetzliche war. Wir waren eben bei einem kleinen Dorfe angekommen und die Kosaken winkten uns freundlich nach den Häusern hin. Wir sahen keinen anderen Ausweg und nahmen die pantomimische Einladung an. Sobald wir in das erste Haus eingetreten waren, legten wir uns alle in der Wohnstube, die sehr groß war, auf dem Fußboden nieder. Die Kosaken nahmen ein anderes Lokal in Besitz. In unsere Haustür wurde eine Wache eingeteilt. Wir lagen im Dunkeln lautlos und still am Boden, und jeder hatte die beste Gelegenheit Betrachtungen über sein Schicksal anzustellen. Das tat auch ich. In träumerischen Gedanken sah ich mich als Gefangener durch die Steppen Russlands nach Sibirien ziehen und alles

Elend, was ich schon erfahren, tauchte in verdoppeltem Maße vor meinen schlaftrunkenen Augen auf. Ich hatte keine Ruhe, kein erquickender Schlaf wollte meine Augen schließen. Ich fühlte noch etwas körperliche Kraft und kam zu dem Entschluß, zu fliehen. Es mochte nach Mitternacht sein, als ich aufstand, um hinauszugehen. Alle unsere Effekten, die wir hatten, waren uns abgenommen worden. Die Wache weigerte sich, mich durchzulassen, allein ich ließ nicht ab; schützte ein Bedürfnis vor und kam so glücklich durch, erreichte auch bald die Straße.

In einiger Entfernung erblickte ich ein noch schwach glimmendes Feuer und glaubte Gesellschaft zu finden; fand aber neben dem Feuer nur einen toten französischen Kürassier. Ich lief nun die Straße entlang in der Richtung auf Kowno zu und mochte wohl einige Stunden gelaufen sein, als ich abermals an der Straße ein größeres Feuer bemerkte. In dem Glauben, dass hier unsere Arrieregarde sein könnte, ging ich freudig darauf zu, aber wiederum furchtbare Täuschung, denn als ich noch einige Schritte davon entfernt war, erhielt ich einen harten Schlag über meinen Kopf. Es war mir nun klar, dass es ein russischer Wachtposten war, denn dem Schlage folgten gleich die Worte: „Pachchol Franzusky !" Ich lief nun wohl hundert Schritte zurück und überlegte, was am besten zu tun sei, ging rechts von der Straße ab und umging den feindlichen Posten. Doch hier lag sehr hoher Schnee, und ich hatte das Unglück einen Schuh zu verlieren. Es war eigentlich kaum ein Schuh zu nennen, denn Sohlen hatte er schon lange nicht mehr, und von Strümpfen war ebenfalls keine Rede. Nach einigem Suchen fand ich dies wenigstens die Knöchel umschließende Montierungsstück wieder, gewann abermals die Straße und setzte meinen Weg in kurzem Trabe fort, um das Erfrieren meiner Füße zu verhindern.

Als es völlig Tag geworden war, erblickte ich vor mir auf der Straße eine immer näher kommende dunkle schwarze Masse, und bald gewahrte ich zu meinem Schrecken, dass auch Kosaken darunter waren. Es war eine Kolonne Gefangener. Mir blieb nichts übrig, als mich ihnen anzuschließen. Wir wurden auf derselben Straße, auf der ich eben gekommen, zurücktransportiert. Um Mittag gab man uns eine Stunde Rast neben der Straße auf einem freien Platze. Hier fand ich mehrere Bekannte meines Regiments, so auch den Kapitän von Koch, aus

Herrhausen bei Göttingen zu hause; stand später als Major in braunschweigischen Diensten.

Wir unterhielten uns über unsere unglückliche Lage. Der Kapitän trug auf der Brust den Orden der westfälischen Krone, welchen er sich im spanischen Feldzuge erworben hatte. Ein Kosak trat uns näher und riß ihm den Orden von der Brust, wobei ein Stück Tuch von der Uniform mitging. Der Kapitän war sehr entrüstet, suchte einen russischen Offizier auf und klagte ihm seinen Verlust. Dieser aber zuckte die Achseln, sagte in gebrochenem Deutsch, er gehöre nicht zu dem Detachement und diese Leute seien, da sie keinen Sold erhielten, auf Beutemachen angewiesen. So musste der Kapitän seinen Verlust verschmerzen. Wir brachen nun wieder auf; bald kamen wir an dem Hause vorbei, aus dem ich entwischt war; ich sann noch immer auf Befreiung und fand auch Gesinnungsgenossen. Diese waren zwei westfälische Leutnants und ein bayrischer Infanterist. Wir verabredeten uns, womöglich in der Nacht die Freiheit zu suchen.

Es begann zu dunkeln, als wir durch einen Wald passierten, und da fand sich eine

Gelegenheit zu entkommen. Wir hatten die Kosaken dadurch getäuscht, dass zwei von uns sich krank stellten und wir sie führen mussten. Wir blieben auf diese Weise etwas zurück und nahmen nun einen günstigen Augenblick wahr, sprangen rechts ab in den Wald, wohin uns die berittenen Kosaken nicht folgen konnten.

Reitende Kosaken bei Kowno

Nach langem Umherirren und Suchen nach einem Ausgange fanden wir endlich einen betretenen Weg Er führte südlich, ganz von der Straße ab, was recht nach unserem Wunsche war. Wir liefen so gut wir konnten, um unsere Füße, die ganz gefühllos wurden, zu erwärmen und zu beleben. Ich lief ja, wie schon oben bemerkt, ohne Sohlen und Strümpfe. Endlich erblickten wir zu unserer großen Freude ein Licht und glaubten nun Obdach zu finden. Wir kamen bald an ein Haus, aber unser Schrecken war groß, denn am Eingang standen sechs Kosakenlanzen. Wir gingen leise beidseits, wo sich ein Schuppen befand, in dem etwas Stroh lag. Die Wände waren offen. Wir suchten unter dem Stroh Schutz gegen den scharfen, eisigen Wind, der die Kälte noch unerträglicher machte. Wir sahen aber bald ein, dass wir hier verkommen und die Nacht nicht überleben würden. Wir beschlossen daher, in das Wohnhaus zu gehen und uns dem Feinde auszuliefern. Wir öffneten die Stubentür. Durch das Knarren derselben waren die Kosaken erwacht, sprangen mit dem Ausrufe Franzuski auf und umringten uns. Wir wurden genau untersucht, keines unserer Kleidungsstücke blieb verschont. Da aber durchaus nichts gefunden wurde, was ihnen wertvoll zu sein schien, legten sie sich gemütlich wieder auf ihr Strohlager und verfuhren mit uns so human, dass sie uns erlaubten, in der Stube bleiben zu dürfen. Wir legten uns auf den Fußboden nieder und schliefen bis es heller Tag war. Die Kosaken verzehrten ihr Frühstück, ritten dann fort, ohne sich weiter um uns zu kümmern.

Wir baten jetzt den Wirt, uns etwas zu essen zu geben. Der aber wies auf die von den Kosaken übriggelassenen Knochen hin und machte uns verständlich, dass diese alles mitgenommen hätten.

So setzten wir denn unsern Weg in südlicher Richtung fort und erreichten nach einer Stunde einen großen Gutshof. Bei unserem Eintritt ins Haus trug eine Magd einen Napf voll Mehlsuppe in die Stube, kam dann zurück und ging in den Hof. Wir hatten die dampfende Speise gesehen; unser Hunger war groß; ich für meine Person hatte in 48 Stunden nichts genossen. Die Stubentür stand offen, das dampfende Gericht auf dem Tische; die Löffel lagen auch dabei. Der Anblick war zu verführerisch, wir konnten dem Drange des Hungers nicht widerstehen und in einigen Minuten war der Napf leer. In diesem Augenblicke kam die Magd zurück, sah in die Stube, um schnell wieder zurückzulaufen, während wir fort über den Hof eilten. Ein alter bärtiger Mann ließ sich nun sehen und seine Flüche begleiteten uns noch lange; seinen Segen hatten wir ja eigentlich auch nicht verdient.

Nun steuerten wir immer südlich, um möglichst weit von der Chaussee abzukommen. So irrten wir mehrere Tage in dieser Gegend umher, fanden aber doch jeden Abend ein Obdach und Nahrung. Verständigen konnte man sich nicht mit den Leuten, denn ihre Sprache war ein solches Kauderwelsch, das wohl in keiner Schule gelehrt wird.

In den nächsten Tagen richteten wir unseren Weg nach Westen, um die polnische Grenze zu erreichen. Wir waren vielleicht, wie uns ein Jude sagte, etwa drei deutsche Meilen davon entfernt.

Auf einem großen Bauernhofe blieben wir die Nacht; es schienen recht gute und ehrliche Leute zu sein und gewannen unser Zutrauen durch ihr freundliches Wesen. Der Grenze so nahe, glaubten wir uns hier außer Gefahr und wollten uns nach den ausgestandenen Leiden etwas zugute tun.

Wir ersuchten den Wirt, der etwas deutsch verstand, um ein gutes Abendessen. Dieser aber entschuldigte sich damit, dass er das dazu Nötige nicht hätte, doch wenn wir Geld hätten, würde er für Fleisch sorgen. Ich glaubte jetzt allen Leiden überhoben zu sein. Ich hatte noch einen Doppel- Louisdor, welchen ich stets den Nachforschungen der Kosaken am sichern Orte, nämlich im Munde verborgen hatte. Aus Kameradschaftlichkeit gegen meine Leidensgefährten entschloß ich mich, einen Teil davon unserem Wohle zu opfern. Unser Wirt erbot sich, das Goldstück bei einem Juden zu wechseln und brachte mir dafür in Kurant etwas über acht Taler zurück. Jetzt wurde Fleisch gekauft und eine kräftige Suppe davon gekocht. Wir verlebten einen recht heitern Abend; es fehlte auch ein Branntwein nicht; der Wirt trank fleißig mit. Es wurde auch verabredet, einen Schlitten zu besorgen, der uns über die Grenze bringen sollte.

Wir hatten lange nicht so sorglos geschlafen wie diese Nacht. Morgens, noch vor Tagesanbruch, bestiegen wir den Schlitten und nun ging es in raschem Trabe vorwärts.

Bald kamen wir in einem Wald. Hier fielen zwei Schüsse. Die Pferde wurden scheu und sprangen zur Seite, so dass der Schlitten umschlug und wir im Graben, im tiefen Schnee landeten. Schnell kamen mehrere Leute aus dem Walde heraus, mit Gewehren und Säbeln bewaffnet, schlugen scheinbar auf unseren Fuhrmann los und wir konnten dabei sehen, dass das Ganze ein verabredeter Streich war. Wir wurden von ihnen durchsucht, namentlich war es auf mich abgesehen und sie fanden auch bei mir noch das übrig gebliebene Geld. Bei den Anderen war die Durchsuchung nur oberflächlich. Durch Zeichen bedeuteten sie uns fortzugehen und drohten uns mit den Säbeln, um unser Fortgehen zu beschleunigen. Der Schlitten fuhr im Galopp zurück. Die Räuber verschwanden im Walde.

Wir gingen nun weiter. Unsere Lage war sehr hilflos und doch mussten wir lachen über diesen Theatercoup.

Nach einigen Stunden erreichten wir wieder ein Dorf, kehrten auf einem Bauernhofe ein und fanden auf dem Tische ein großes Stück Brot nebst einem Messer, welches dort so üblich ist. Der Bauer nötigte uns davon zu nehmen und nahm sich eine Kleinigkeit davon. Wir gingen bald fort und überschritten den Niemen und so auch die russische Grenze.

Nach einem Gemälde von Professor Richard Knötel

Am Niemen

Über die Grenze

Wir richteten jetzt unseren Marsch nach einem großen Dorfe, welches Kanache genannt wird. Hier trennten wir uns, denn es war Abend und jeder suchte sich ein Nachtquartier. Ich ging in ein Haus, welches nach deutscher Art gebaut war. Der Besitzer, ein Schneider, sprach gut deutsch; er war früher preußischer Soldat gewesen. Dieser behandelte mich sehr gut; ich bekam Abendessen und ein Lager in warmer Stube. Am anderen Morgen wollte ich weitergehen, und indem ich ihm für die Verpflegung dankte, nannte er mir einen Platz, wo ich während des Winters bleiben könnte. Ich machte mich sofort dahin auf und nach einer Viertelstunde war ich dort. Der Mann, der mich freundlich empfing, war unter Blücher Husar gewesen, kannte die Gegend meines Geburtsortes ganz genau. Er hatte den Feldzug am Rhein gegen die Franzosen mitgemacht. Er war Witwer, hatte zwei Töchter und einen Sohn. Nach einigen Tagen war unser Verhältnis so, als ob wir uns schon lange gekannt hätten. Dies war, wie ich glaube zehn Tage vor Weihnachten. Meine häusliche Beschäftigung war, zwei Pferde abzuwarten, auch, wenn ich Lust hatte, Roggen zu schroten.

Auf diese Weise verging der Winter. Ich wurde gehalten wie zur Familie gehörig, allein als im Frühling die Natur erwachte, erwachte auch in mir die Sehnsucht, meine Heimat wieder zu sehen, und dieses Sehnen reifte bald zum Entschluß. Als ich diesen Entschluß meinem Wirte mitteilte, konnte ich aus seinen Äußerungen entnehmen, dass er gewünscht, ich wäre für immer dageblieben; doch tadelte er mein Vorhaben keineswegs, nannte mir einige Städte, die ich berühren müsste, um die deutsche Grenze zu erreichen.

Es war im Monat März, als ich diese guten Leute verließ, meinen besten Dank zurücklassend. Man gab mir einige Lebensmittel mit und so trat ich meine Reise wieder an. Schon am zweiten Tage fühlte ich Unwohlsein und Schwäche, und dieser Zustand steigerte sich so schnell, dass ich in der Nähe einer kleinen Stadt einkehren musste. In der Stadt lag eine russische Garnison. Kaum war ich hier angekommen, so traten zwei russische Offiziere in die Stube. Die mochten wohl erraten haben, dass ich ein Nachzügler von Napoleons großer Armee war und beauftragten den Sohn des Hauses, mit mir nach der Stadt zu gehen und mich an den dortigen Kommandanten abzuliefern.

Ohnmächtig und krank wie ich war, musste ich doch folgen. Dort angekommen beorderte der Kommandant eine Ordonanz, mich auf die Hauptwache zu bringen. Auf diesem Wege suchte ich dem Soldaten zu entkommen, denn meine Sinne waren in einem Zustande, dass ich kaum wusste, was ich tat. Allein der Soldat konnte schneller laufen als ich, holte mich bald wieder ein und brachte mich zurück zum Kommandanten. Dieser fuhr mich barsch an und rief „Bist du von Sinnen?" Ich sagte: „Ja, ich bin krank."

Statt nach der Hauptwache wurde ich nun in Arrest gebracht, wo ich die Nacht auf nasskalter Erde ohne Unterlage zubringen mußte.

Am anderen Morgen kamen mehrere Bauernwagen angefahren, auf denen sämtliche Kranke nach einem nahen Hospitale „Kalvary" geschafft wurden. Hier waren schon mehrere Leidensgefährten zusammengebracht; ich fand unter ihnen auch mehrere Bekannte. Ich wurde in einen Saal geführt, wo bereits 30 bis 40 Kranke sich befanden. Die lagen alle auf am Fußboden ausgebreitetem Stroh. Ich fand meinen Platz neben einem französischen Artillerieoffizier, dem schon beide Füße amputiert waren; allein seine muntere Laune war ihm geblieben, doch nach einiger Zeit war er während der Nacht verschieden. Jeden Morgen wurden Tote hinausgetragen und begraben.

Mehrere Tage lag ich ohne Besinnung; meine Krankheit, das Nervenfieber, nahm zu; ich konnte mich sogar der Namen meiner Geschwister nicht entsinnen. In diesem Zustande mochte ich wohl drei Wochen zugebracht haben, bis es wieder heller in meinem Gedächtnisse wurde und meine vorzügliche Konstitution allmählich über meine Krankheit siegte.

Die hier anwesenden russischen Militärärzte waren nicht imstande, die zahlreichen Kranken zu behandeln. Viele wurden ganz ihrem Schicksale überlassen. So erfuhr ich auch nachträglich, daß ich während meiner kritischen Krankheitsperiode keine Medizin bekommen. Die Verpflegung war sonst regelmäßig und gut.

In der Mitte des Monats April kam ein Offizier von der russisch- deutschen Legion, um Mannschaften für diese anzuwerben. Gleich mehreren anderen Kameraden entschloß ich mich sogleich, das Anerbieten anzunehmen, und schon am zweiten Tage bekamen wir unsere Marschroute nach Königsberg.

Ludwig von Wallmoden-Gimborn
(1769-1862)

Russisch-deutsche Legion.

Am 1. Mai wurde ich als Feldwebel im 5. Bataillon angestellt. Wir bekamen sogleich unsere grüne Uniform, sowie Gewehr und Waffen. Nachdem mehrere Bataillone vollzählig waren, marschierten wir nach Pillau. Hier fanden wir englische Transportschiffe, welche uns aufnahmen und nach der Insel Rügen führten. Später landeten wir in Stralsund, wo unser Bataillon vollständig armiert wurde.

Von dort marschierten wir nach Mecklenburg, wo die Kriegsoperationen unter General v. Wallmoden bereits seit einiger Zeit im Gange waren. Unsere Division wurde am Stecknitzflüßchen, an der westlichen Grenze von Mecklenburg platziert, wo wir mit den Franzosen, welche unter Marschall Davout ihr Hauptquartier in Hamburg hatten, mehrfach Gefechte bestanden. Wir hatten hier fortwährend zu biwakieren und dauerte dies bis der mit Napoleon abgeschlossene Waffenstillstand seinen Anfang nahm, dann bezogen wir gute Quartiere und hatten gute Verpflegung. Nach Ablauf des Waffenstillstandes am 16. August 1813 marschierten wir wieder gegen Pregnitz und lagen wieder beständig im Biwak. So habe

Marschall Louis-Nicola Davout
(1770-1823)

ich manche Nacht mit dem Chef meiner Kompagnie, Kapitän von Uslar, ein sehr menschenfreundlicher, braver Offizier, gemeinschaftlich in einer Hütte zugebracht.

Wir mussten unsere Stellung öfters wechseln, um dem Feinde, welcher uns numerisch überlegen war, unsere Schwäche zu verbergen.

Am 15. September bekam unser Bataillon Order, nach Dömitz zu marschieren. Wir hatten einen starken, beschwerlichen Marsch und kamen erst in der Nacht in dieser Stadt an, wo ebenfalls biwakiert wurde. Früh am 16. September passierten wir hier eine Brücke über die Elbe und marschierten auf Dannenberg, blieben aber vor dieser Stadt bis Mittag. Dann wurde aufgebrochen und durch den Göhrder Wald. Sobald wir das Ende des Waldes erreicht hatten, sahen wir uns gegenüber auf einer Anhöhe den Feind in sehr vorteilhafter Stellung. Er bestand, wie man uns sagte, aus 6 bis 8000 Mann Jetzt erhielt jedes Bataillon seine Bestimmung und es wurde sofort zum Angriff geschritten. Unsere Kavallerie machte mehrere Attacken auf die feindlichen Karrees, wurde aber zum Teil blutig abgeschlagen, denn der Feind stand in seiner vorteilhaften Position fest, doch wurde er nach und nach gänzlich umzingelt. Unsere Husaren erneuerten ihre Angriffe und es gelang ihnen, mehrere Karrees zu sprengen. Die feindliche Kavallerie hatte gleich zu Anfang Reißaus genommen. Die feindliche Artillerie ging sämtlich verloren und so endete dieses Gefecht des Tages mit einer gänzlichen Niederlage des Feindes; nur ein Teil rettete sich, begünstigt durch das Dunkel der Nacht, nach Lüneburg. Der Feind hatte sich brav gehalten und unseren Sieg verdankten wir größtenteils unserer Übermacht. Wir machten 1500 Mann Gefangene und erbeuteten 8 Kanonen, sämtliche Pulverwagen und Zubehör. Unser Verlust war ebenfalls nicht gering. Er bestand aus 31 Offizieren und 700 Mann. Wir lagerten während der folgenden Nacht auf dem Schlachtfelde. Es war eine grässliche Nacht. Starker Regen strömte hernieder, so dass an Schlaf nicht zu denken war; und doch waren wir todmüde. Um uns her schrieen die zahlreichen Sterbenden und Verwundeten um Hilfe, doch mussten sie ihrem Schicksale überlassen werden. Dies Treffen wird gemeiniglich als „die Schlacht bei der Göhrde" bezeichnet.

Ausschnitt aus einem Gemälde von C. Röchling, Berlin

Das Heldenmädchen Eleonore Prochaska
fällt zu Tode getroffen, im Gefecht an der
Göhrde, 16. September 1813.

Am anderen Morgen, 17. September, früh wurde aufgebrochen und wir gingen bei Dömitz über die Elbe zurück; kamen dann wieder in Biwak gegen die Stacknitz. Dies dauerte bis Mitte Oktober, worauf sich die Franzosen, nachdem die Schlacht bei Leipzig geschlagen worden war nach Hamburg zurückzogen.

Wir folgten dem Feinde auf dem Fuße, ebenso drängten wir die mit ihm verbündeten Dänen zurück. Diese trennten sich jetzt von den Franzosen und retirierten nach Holstein.

Unser Armeekorps erhielt den Befehl, die Dänen zu verfolgen. Der Marsch von hier bis zur Eider, der in vier Tagesmärschen zurückgelegt wurde, war einer der anstrengendsten des Feldzuges. Die Verpflegung war schlecht, ebenso die von Regen aufgeweichten und von den Truppenmärschen fast unpassierbar gemachten Wege. Man blieb in dem schweren Lehmboden förmlich stecken und musste sich der Soldat seinen Weg so gut als möglich suchen. Dies alles war nicht zum Nutzen der Disziplin.

Wir waren sonst von Attacken mit dem Feinde so ziemlich verschont, bis zum 10. Dezember, wo wir in die Nähe von Rendsburg kamen und dort mit dem Feinde handgemein wurden. Es war dies eine für unser 5. Bataillon unglückliche Affäre.

Diese Affäre wird gewöhnlich als das Gefecht bei Sehestedt bezeichnet und das Unglück, welches uns betraf, resultierte aus unverzeihlichen Fehlern seitens des Oberbefehlshabers.

Der Ort Sehestedt war im Sturm genommen worden; die dänischen Grenadiere wichen zurück; die Situation konnte als für uns günstig betrachtet werden. Doch hier will ich den Hauptmann Quistorp (Die Kaiserlich Russisch- deutsche Legion, von Berthold v. Quistorp, Verlag von Karl Hagemann, Berlin, 1860) sprechen lassen: „Leider dauerte dieser günstige Moment nicht lange. Drei Schwadronen dänischer Dragoner in langen roten Mänteln stürzten aus dem Orte hervor; urplötzlich und ungesehen waren sie heran und brachen in die noch immer vorrückende Kolonne ein. Vollständig überrascht wusste der Kommandant das richtige Mittel nicht zu finden und behielt im entscheidenden Augenblick keine Gewalt über das Bataillon. Die erste und ein Teil der zweiten Kompagnie gewannen noch Zeit, den Weg zu veranlassen, um auf dem

Felde einen dichten Knäuel zu formieren. Der Rest des sehr auseinandergekommenen Bataillons nahm die Gefahr nicht eher wahr, bis sie hereingebrochen war; er ließ die Dragoner mitten hindurch und war gesprengt. Die feindliche Infanterie machte wieder Front und ging zum Angriff vor; und so war, ehe sie sich dessen versah, die im Wege aufgelöste Mannschaft gefangen. Der Haufen unter Kapitän v. Uslar dagegen hielt fest zusammen und verteidigte sich heldenmütig, bis er endlich durch Säbel und Kugeln der Kavallerie und Infanterie niedergemetzelt und aufgelöst wurde. Von mehreren Hieben in den Kopf und einer Kugel in die linke Seite getroffen, sank der tapfere Kapitän v. Uslar zu Boden und endigte wenige Tage darauf sein Heldenleben."

Nur durch einen Zufall entging ich der Gefangenschaft.

Unser so stark dezimiertes Bataillon wurde nicht wieder hergestellt, sondern der noch vorhandene Rest wurde unter andere Bataillone verteilt. Ich wurde zum 7. Bataillon und auf Ansuchen von Kapitän von Uttenhofen bei dessen Kompagnie als Feldwebel wieder eingestellt.

Marsch nach den Niederlanden.

Der Friede mit Dänemark endigte unsere Operationen und unser Bataillon wurde in weitläufige Kantonierungen verlegt, wo wir gute Verpflegung genossen. Nach vierzehntägiger Ruhe marschierten wir in die Nähe von Hamburg, gingen bei Zollernspicker über die Elbe und nahmen an der Blockade von Harburg teil. Dies war ein sehr beschwerlicher Dienst, denn die Mannschaft musste Tag und Nacht zum Kampfe gerüstet sein, weil wir die Franzosen in nächster Nähe hatten. Diese standen auf der Wilhelmsburg; unsere Vorposten dagegen auf dem westlichen Elbufer. Sehr häufig wurden Schüsse zwischen ihnen gewechselt. Unser Aufenthalt dauerte indessen nur drei Wochen, hatten aber während dieser Zeit mehrere Gefechte mit den Franzosen zu bestehen, die jedoch fast alle resultatlos waren. Nach dieser Zeit wurden wir von hannöverschen Truppen abgelöst und marschierten nach Bremen, wo wir vierzehn Tage Rast machten, die uns sehr nötig war. Von hier brachen wir über Münster nach Westfalen auf, marschierten nach Düsseldorf, wo wir auf 18 Booten den Rhein überfuhren, gingen dann weiter über Maastricht nach Brüssel, wo wir einquartiert wurden, aber noch vor Tagesanbruch wieder aufbrechen mussten.

Der französische General Maison, welcher die Festung Lille besetzt hielt, hatte von dort einen Ausfall gemacht. Der Herzog von Weimar glaubte mit seinen Sachsen dem Feinde gewachsen zu sein, hatte sich aber hierin sehr geirrt. Diese jungen Soldaten hielten gegen die französischen Veteranen nicht stand; das Gefecht endete mit einer Niederlage der Sachsen. In Brüssel, wo wir, wie schon gesagt, lagen, wurde Alarm geschlagen. Unser Korps wurde schnell zur Hilfe herbeigeholt, leider kamen wir zu spät; das Gefecht war entschieden zum Vorteil des Feindes, welcher sich wieder in die Festung Lille zurückzog. Unser Korps wurde in der Nähe derselben untergebracht. Wir kamen als Garnison in ein Städtchen Alcost, verblieben hier bis zum Frieden, welcher am 31. März 1814 in Paris abgeschlossen wurde. Mit meinem Kapitän lebte ich fast immer auf gespanntem Fuße. Dieser Mann war dem Trunke sehr ergeben, war selten des Tages einige Stunden nüchtern, und so konnte es an Reibungen zwischen uns nicht fehlen. Meine Stellung wurde mir dadurch sehr verleidet, und dies veranlasste mich, um meinen Abschied nachzusuchen.

Wir marschierten von hier aus nach Mons an die französische Grenze. Hier erneuerte ich mein Ansuchen um meinen Abschied, der mir dann auch bewilligt wurde. Dies war meine letzte Garnison.

Von hieraus trat ich meinen Rückmarsch nach meiner Heimat Kl.- Lafferde, in der Mitte zwischen Hildesheim und Braunschweig gelegen, an. Ich empfing eine Marschroute mit freiem Quartier und Verpflegung. Ein zweispänniger Wagen, der auf jeder Station gewechselt wurde, wurde mir zur Verfügung gestellt. So kehrte ich dann über Aachen, Düsseldorf, Elberfeld, Hameln und Hildesheim im Monat Juli 1814 in meine Heimat zurück, die ich im Juni 1810 verlassen hatte.

In Hildesheim angekommen durchwanderte ich einige Straßen und traf zufällig meinen Vater. Wir begegneten uns, sahen uns eine Weile an und dann erkannten wir uns. Mit ihm fuhr ich dann noch am selben Tage nach Hause, wo ich meine ganze Familie im besten Wohlsein antraf. Groß war allseitig die Freude des Wiedersehens!

Biografisches

Nach seiner Militärzeit, die ihn durch halb Europa führte, gründete er in Klein-Lafferde ein Kaufhaus, heiratete Ernestine Huxhagen und wurde Vater von 12 Kindern.

Noch viele Jahre nach seinem Ausscheiden aus dem Militärdienst besuchten ihn französische Weggefährten. Als angesehener Kaufmann unterhielt er auch einen Dorfkrug mit Pension. So geschah es eines Tages, dass sich hoher Besuch im Hause Hüne ansagte. Zu Pfingsten 1852 übernachtete ein preußischer Prinz im Hause, der in großer Begleitung kam, Prinz Friedrich Wilhelm von Preußen, im Tross auch sein persönlicher Adjudant Graf Henkel von Donnersmarck. Nach dem Tod seines Vaters Kaiser Wilhelm I. im Jahre 1888 wurde dieser Prinz für 88 Tage Kaiser Friedrich III.

Carl Hüne starb am 12. Februar 1880. Das Familiengrab neben der Klein-Lafferder Kirche ist noch vorhanden. Dort liegt er zusammen mit seiner Frau Ernestine, dem Sohn Hermann Hüne sowie dessen Frau Hermine.

Prinz Friedrich Wilhelm von Preußen

Sein fünftes Kind, Christoph Heinrich Friedrich Hüne, studierte an der Universität Gießen und schloss sich der deutschen Freiheitsbewegung an, nahm an den 1848er Unruhen teil und musste später, zusammen mit zwei Bundesbrüdern, nach Holland flüchten. Von dort wanderte er 1852 in die Vereinigten Staaten aus, wo er zuerst als Erdarbeiter an einer Eisenbahnstrecke arbeitete, später alsRedakteur einer Zeitung in Drakeville Pennsylvania arbeitete und dann nach Brooklyn zog. Hier schrieb er für die Brooklyn Daily Times, lernte den amerikanischen Schriftsteller Walt Whitman kennen und übersetzte als erster dessen Gedichtband Leaves of Grass (Grashalme) ins Deutsche. Ab 1891 arbeitete er als Autor für die Wochenzeitschrift Brooklyn Courier.

Im hohen Alter kehrte Friedrich Hüne nach Deutschland zurück. 1909 veröffentlichte er ein Buch über die Erinnerungen seines Vaters Carl Hüne aus dessen Militärjahren 1810 bis 1814, erschienen in der Ramdohrschen Buchhandlung, Braunschweig.

Als Friedrich Hüne 1914 in Hannover verstarb, widmeten ihm die Brooklyn Daily Times und der Brooklyn Daily Eagle einen Nachruf.

Rechts oben: Nachruf vom 16. Januar 1914 mit einem
Foto von   Friedrich Hüne

FREDERICK HUENE

1818 pflanzte Carl Hüne eine Linde vor sein Haus. Dieser stattliche Baum überdauerte 170 Jahre unbeschadet, bis 1988 ein starker Sturm erhebliche Schäden verursachte. Ein Lindenblatt findet sich auch im Gemeindewappen, so bedeutend war dieses Naturdenkmal für Klein-Lafferde.

Foto: Otto Meier, Lengede

Die von Carl Hüne gepflanzte Linde im Jahre 1959

Foto: Otto Meier, Lengede

Grabstelle Hüne
neben der Kirche von Klein-Lafferde

Foto: Otto Meier, Lengede

Porzellan-Grabplatte in Form eines aufgeschlagenen
Buches.

Foto: Otto Meier, Lengede

Ehemaliges Kaufhaus Hüne in Klein-Lafferde

Ortsregister

Aachen   116
Aken   26
Alcost   115
Auerstedt   7
Beresina   8, 32, 73, 79-81
Bialystock   32
Borissow   73, 77, 78
Borodino   8, 35, 42, 43
Braunschweig   7, 11, 12, 16, 79, 116
Bremen   114
Brilon   56
Brüssel   114, 115
Calbe an der Saale   26
Dannenberg   108
Danzig   26, 87
Dömitz   108, 111
Dransfeld   13
Dubrowna   34, 73
Düsseldorf   114, 116
Elberfeld   116
Ellrich   21
Glogau   27
Göhrde   108, 109
Göttingen   13, 93
Gravenhorst   11
Grodno   27, 32
Gschatsk (Ghiat) heute Gagarin   60
Hamburg   106, 111, 114
Hameln   116
Hannover   122
Harburg   114
Harzburg   21

Herrhausen   93
Hildesheim   46, 116
Hohegeis   21
Jena   7, 13
Jüterbog   26
Kalisch   27
Kanache (Dorf in Polen)   101
Kassel   7, 13, 15, 19, 21, 27, 32
Klein-Lafferde   7, 8, 120, 126, 127
Köthen (Cöthen)   26
Kowno   88, 91, 93
Krasnyi   34, 68, 70, 71
Leipzig   111
Lida   34
Lille   8, 115
Lüneburg   109
Maastricht   114
Minsk   28, 32, 76
Modlin, Festung am Bug   27
Mohaisk   68
Mons   115
Moskau   7, 30, 37, 58, 59
Münden   13
Münster   114
Nordhausen   21
Northeim   13
Orscha   28, 33, 73
Ouenif Ort nahe Kalisch   27
Paris   28, 115
Pillau   106
Quedlinburg   26
Rendsburg   112
Rügen   106
Salzgitter   13
Sehestedt   112

Smolensk   34-36, 60, 62, 64, 68
Stralsund   106
Studjanka   77, 78
Warschau   27, 32
Weimar   115
Wilhelmsburg   114
Wilna   82, 85-87
Wjasma   37, 60
Wolfenbüttel   26

Namensregister

Bödeker, Oberstleutnant   70
Bonaparte, Jérome (Hyronimus)   7, 14, 18, 22, 27
Bonaparte, Napoleon 7, 8, 25, 30, 59 ,72, 102, 106
Chabert, Theodore, General   49
Damas, Francois Etienne, General   45, 46
Davout, Louis Nicola, General   106, 107
Dombrowski, Jan Henryk, General   36
Fischer, Furier aus Brilon   56
Füllgraf, Oberst   51
Hagemann, Karl, Verleger aus Berlin   112
Hollmann, Ökonom   12
Hüne, Friedrich (Huene, Frederick)   8, 122
Hüne, Carl   7, 19, 120, 122, 125
Hüne, Hermann   120
Hüne, Hermine   120
Huxhagen, Ernestine   120
Hyronimus siehe Bonaparte, Jérome
Junot, Marschall von Abrantes   27, 30, 31
Maison, General Nicolas-Joseph   115
Möhle, Tambourmaitre aus Hildesheim   46
Ney, Michel, Marschall   44, 45
Nolte, Sergeant-Major aus Braunschweig   79
Poblotzky, Grenadierleutnant   46
Prochaska, Eleonore   110
Quistorp, Berthold von, Hauptmann   112
Rustan, Leibmarmeluk von Napoleon   72
Schmidt, Predigersohn aus Barum   12
Stäge, Sergeant   48
von Donnersmarck, Guido Graf Henkel   120
von Koch, Kapitän aus Herrhausen   26, 92
von Netzar, Kapitän   65

von Uslar, Kapitän   108, 113
von Uttenhofen, Kapitän   113
von Weimar, Herzog Carl-August   115
Wallmoden-Gimborn, Ludwig von, General 8,105,106
Weinant, Sergeant-Major aus Kassel   79
Whitman, Walt, amerikanischer Schriftsteller 122
Wröger, Uhrmacher   12